大谷翔平から学ぶ成功メソッド

児玉光雄

河出書房新社

潜在能力を引き出して夢をかなえる——はじめに

２０２３年12月9日。この日、大谷翔平選手はロサンゼルス・ドジャースと10年総額7億ドル（約１０５０億円）で契約合意しました。そして、12月15日に大谷選手はドジャースタジアムで入団記者会見に臨み、背番号「17」の真新しいユニフォーム姿を披露して、こう語りました。

「選手としての自分を信じてくれたドジャースのみなさんに感謝します。明確な勝利を目指すビジョン、豊富な歴史を持つドジャースの一員になることを心からうれしく思うと同時に興奮しています」（ＮＨＫスポーツ２０２３・12・15付）

この本のテーマは「好き」と「得意」です。大谷選手は勉強や仕事に潜む、このふたつの要素を最大限に活用して、日々たゆみない鍛練を積み重ねたから、偉業を成し遂げることができたのです。

つまり、本書『大谷翔平から学ぶ成功メソッド』は、あなたの潜在能力を目いっぱい発揮するための手引き書です。もしもあなたが、自分の「好き」と「得意」を武器にして、仕事や勉強に取り組んだら、あなたの潜在能力が最大に発揮され、「もうひとりの凄い自分」にめぐり合うことができます。

それだけでなく、「好き」と「得意」を前面に押し出して、目の前の作業でベストをつくせば、「有能感」や「自己肯定感」といったポジティブな要素が心のなかに生み出され、大谷選手のような「自信満々の表情と態度」を漂わせて、すばらしいパフォーマンスを発揮できるようになるのです。

著名な啓蒙家アラン・ピーズの以下の言葉を噛みしめてください。

「好きなことを見つけよう。もう一日たりとも、無意味な仕事に時間を費やすことはできない」

幼いころから大谷選手は「大きくなったらメジャーリーガーになりたい！」と、くり返し自分に強く言い聞かせたから、夢を実現できたのです。

この本には私自身が開発したものだけでなく、世界中で活用されている「夢をかなえるためのチェックシート」を数多く掲載しています。あなたが気に入ったものを見つけて、思いをそのシートに記入して行動を起こしましょう。そして、それをファイリングしておき、自分の人生に迷ったときにぜひ読み返してみてください。

児玉光雄

大谷翔平から学ぶ成功メソッド●もくじ

1

大谷翔平から学ぶ成功メソッド

才能を目覚めさせて「壮大な夢」を実現しよう

2 大谷翔平から学ぶ成功メソッド 一流になるための「やり抜く力」を手に入れよう

3 大谷翔平から学ぶ成功メソッド

いま目の前にある仕事を「面白いもの」に変えよう

4 大谷翔平から学ぶ成功メソッド

ポジティブ思考を貫いて「強運」を引き寄せよう

5 大谷翔平から学ぶ成功メソッド 徹底して自分と向き合い「本物の自信」を引き出そう

6 大谷翔平から学ぶ成功メソッド
「挑戦し続ける人生」を歩むための行動を起こそう

図版作成●原田弘和

1

大谷翔平から学ぶ成功メソッド

才能を目覚めさせて「壮大な夢」を実現しよう

Section 01 あなたの「潜在能力」を目いっぱい開花させよう

2021年シーズンの大谷翔平選手の大活躍は、いまさら説明するまでもないでしょう。打者としてホームラン46本、26盗塁、投手として9勝2敗、防御率3・18という凄(すご)い記録を残しました。

それだけでなく、投打の5部門で「100超え」（登板回130回1／3、奪三振156、安打数138、得点103、打点100）という史上初の記録を達成しました。

2021年7月13日に開催されたオールスターゲームにおいて、大谷選手は長いメジャーリーグの歴史でただひとり、二刀流でこの祭典に出場。コロラド州デンバーのクアーズ・フィールドに詰めかけた4万9184人のファンを喜ばせました。

シーズン最後まで大谷選手とホームラン王争いを演じ、オールスターゲームではMVPを獲得したブルージェイズのウラジーミル・ゲレロ選手は、オールスターゲーム後、こう語っています。

「俺は大谷をMVPに選ぶ。でも、今日は俺がMVPを取った。そのことをうれしく思う。〈中略〉（大谷選手は）この世の人間じゃない。信じられないよ」

＊『速報 大谷翔平 二刀流 ALL STAR GAME』サンケイスポーツ出版局

八面六臂（はちめんろっぴ）の活躍の秘訣は、彼の潜在能力の凄さにあります。私たちには2種類の意識が存在します。「顕在意識（けんざいいしき）」と「潜在意識」です。私たちは「顕在意識」が自分の行動をコントロールしていると考えがちです。しかし、その考えは明らかに間違っています。じつは、あなたの行動の8割を支配しているのは「潜在意識」なのです。

私たちの脳内には「網様体賦活系（もうようたいふかつけい）（RAS：Reticular Activating System）」（13ページ）というシステムが存在します。これは哺乳類（ほにゅうるい）の脳幹（のうかん）にあり、生命活動を維持するものです。この働きがなければ人間は生きていけません。

RASには、もうひとつ重要な機能があります。それは、人間だけが保有する高度な機能です。チンパンジーのRASが生命を維持するための原始的なコンピュータだとすれば、人間のRASは最新式の複雑なシステムを動かすコンピュータだといえます。これが「潜在意識」の正体です。

つまり、顕在意識をクルマにたとえると「マニュアルモード」であるなら、潜在意識は「オートマチックモード」といえるでしょう。

ＲＡＳのすばらしい機能のひとつはＧＰＳシステムです。あなたが潜在意識に「どこに行きたいのか」を入力しておけば、あとはこのＧＰＳシステムがナビの働きをして、目的地に連れていってくれるのです。

大谷選手は「メジャーリーガーになりたい！」というメッセージを潜在意識にくり返し入力し、さらにたゆまぬ努力を積み重ねたから、その夢は現実になったのです。もっといえば、大谷選手は幼いころから、まるですでにメジャーリーガーになったかのように振るまったからこそ、その夢は現実化したのです。

ＲＡＳのＧＰＳシステムは、あなたが望むものだけをひんぱんに入力することによって正常に働いてくれます。だから「望まないこと」は一切考えてはいけません。ただひたすら「好き」と「得意」を手がかりにし、夢を思いつづけ、イメージを描きつづけてください。

そうすることにより、あなたのＲＡＳは正常に働き、あなたを夢の実現へと導いてくれるのです。

RAS(網様体賦活系)のメカニズム

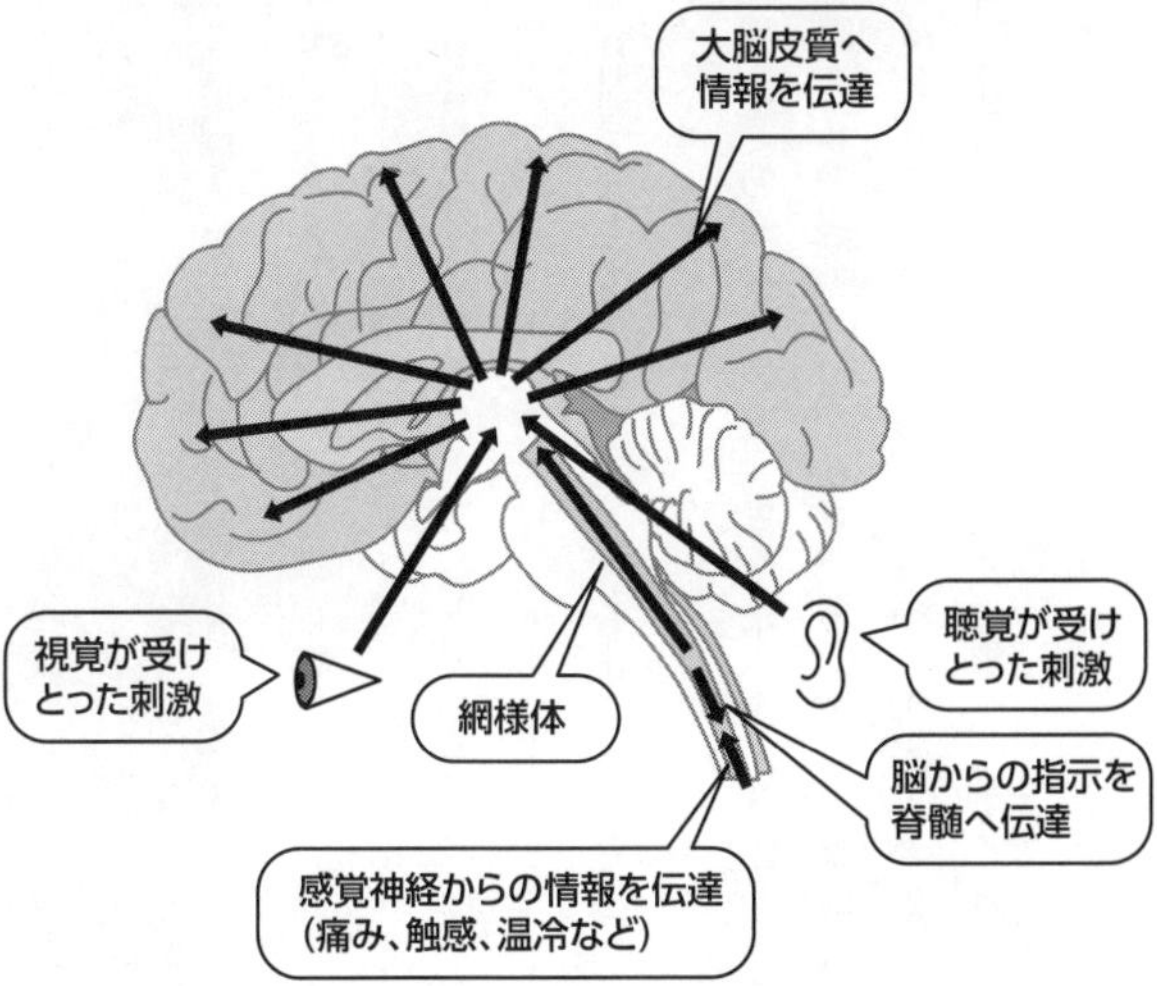
大脳皮質へ
情報を伝達
視覚が受け
とった刺激
網様体
聴覚が受け
とった刺激
脳からの指示を
脊髄へ伝達
感覚神経からの情報を伝達
(痛み、触感、温冷など)

*『自動的に夢がかなっていくブレイン・プログラミング』
アラン・ピーズ、バーバラ・ピーズ共著(サンマーク出版)より引用

目標
目標設定

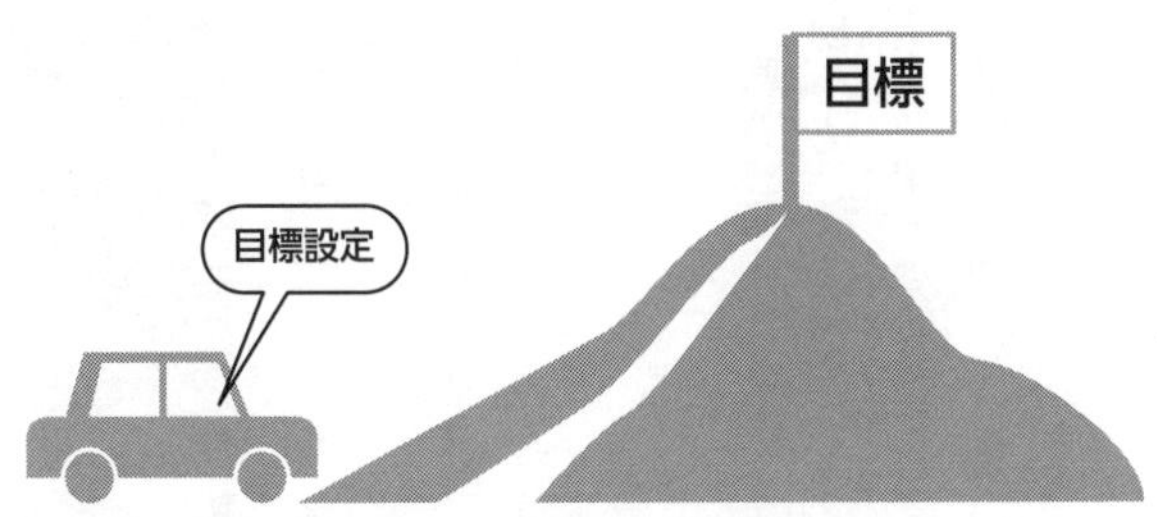

目標を設定すれば、GPSシステムのように
RASが働き、目標実現への道が拓かれる

Section 02 「夢のリミッター」を外そう

2021年7月13日、大谷翔平選手は第91回オールスターゲームにおいて、アメリカン・リーグの先発投手と「1番・DH」で史上初の二刀流出場を果たしました。打者としては2打数ノーヒットでしたが、投手では1イニングを無安打無失点に抑え、ヤンキース・田中将大投手（現：東北楽天イーグルス）以来、日本人2人目の勝利投手に輝きました。試合後、大谷選手はこう語っています。

「初めての経験なので、また来れるようにというか、そう思わせてくれるような素晴らしい経験だったかなと思います。球場入りから試合入りから、ホームランダービーもそうですし、こういう雰囲気ってなかなかシーズン中もないですし、野球が好きな人たちがこれだけ集まってくれてすごくいい雰囲気だったなと思います」

＊『Full Count 2021年7月14日』

2021年シーズン、大谷選手とのホームラン王争いに加わったロイヤルズのサルバドール・ペレス捕手は、オールスター戦で大谷選手のボールを受けた印象を交えながら、こう語っています。

「この舞台で彼の球を受けられ、自分にとっても夢がかなったようなものだ。彼は今、最高の野球選手。スライダーの切れはいいし、スプリットもすさまじい落差（があった）」

*『速報 大谷翔平 二刀流 ALL STAR GAME』サンケイスポーツ出版局

大谷選手はなぜ、壮大な夢をかなえることができるのでしょう？ 私は「幼いころから本気で『好き』と『得意』を手がかりにして、壮大な夢を描くことに長けていたから」と、考えています。

あなたの限界をつくっているのは、あなた自身です。私たちの脳はうまくできていて、さまざまなリミッターが存在します。その典型例は「命のリミッター」です。

たとえば、マラソンにチャレンジしたとき、心臓に負担がかかり過ぎたあげく、止まってしまわないように、危険を感知すると足が前に動かなくなります。これが「命のリミッター」です。このリミッターがないと、心臓が止まるまで走りつづけてしまい、命を落とす危険があります。

同じように「夢のリミッター」が存在します。幼いときに壮大な夢を描いたとしても、それを周囲に話すと、彼らは「そんな夢物語は実現できない！」と主張します。すると、ほとんどの人が、せっかく描いた夢を簡単にあきらめてしまうのです。

いくら大きな夢を描いても、周囲の人たちの意見に耳を傾け（かたむ）て、「そんな夢が実現するわけがない」と考えたとたん、脳はその夢を脳から消去してしまいます。

大谷選手のようなトップアスリートの共通点をひとつ挙げてほしいといわれたら、私は迷わず、「夢のリミッターが存在しないこと」と答えます。誰がいったかは不明ですが、私は「遠くの星をめざせば、たとえそこまで行けなくても遠くまで行ける」という名言が大好きで、自宅の壁に貼っています。

どうせなら、あなたがもっとも得意とする技を最大限活用できる分野で、壮大な夢をできるだけ具体的に描いてみましょう。そして、「どこまでこの夢に近づけるかチャレンジしてみよう」と自分を励まし、夢に向かう第一歩を踏み出してください。それこそ、成果を挙げる強力な具体策なのです。

夢のリミッターを外すイメージ

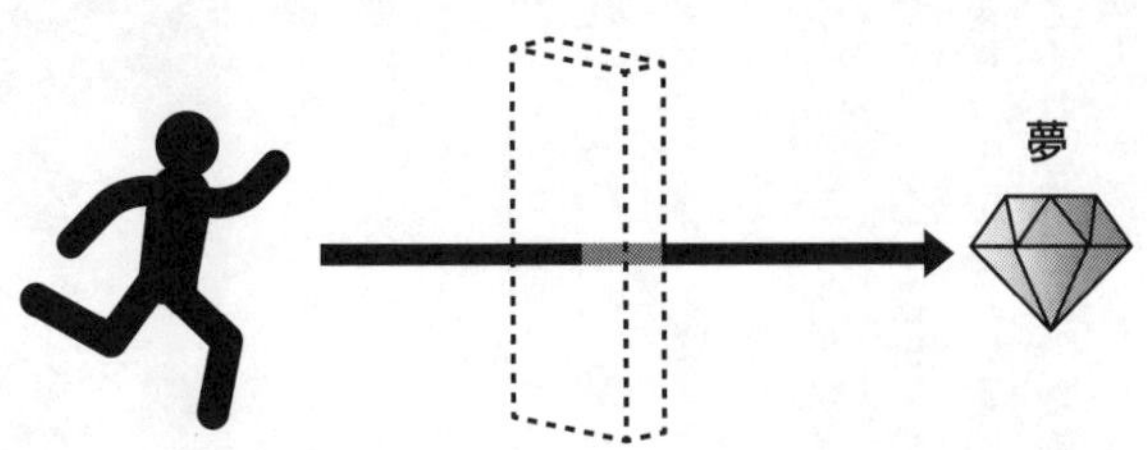

夢のリミッターを外せば、夢に到達できる

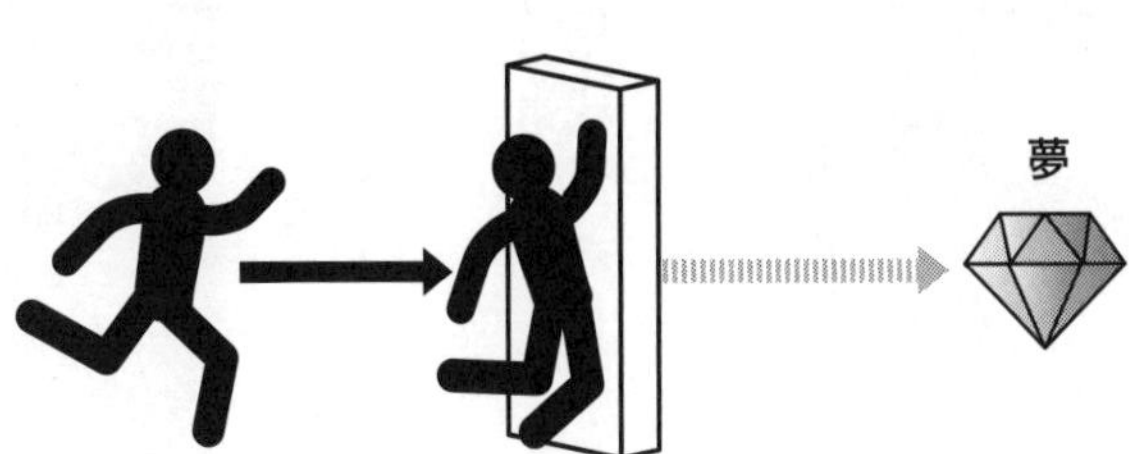

夢のリミッターを外せない人は、
いくら努力しても夢に到達できない

Section 03 「天職の3要素」を理解しよう

大谷翔平選手は、なぜあんなに生き生きと目の前の作業にのめりこめるのでしょうか？　その理由は、大谷選手にとって「野球」という仕事は、自分が「好き」で、しかも「得意」な作業であるからです。

この世に生まれて「天職」に出会えた人は、幸せな人生を歩むことができます。幼いころにそれを見つけることができた大谷選手は幸せ者なのです。野球こそ、彼にとって「天職」なのです。あるとき、大谷選手はこう語っています。

「プロ入り前は、二刀流をやれるなんて想像していませんでした。でも、ファンの応援やコーチたち、栗山監督の指導で実現することができたんです。だからこそ、これを続けていきたいという強い思いが生まれました。自分のためだけでなく、支えてくれる皆さんのためにも」

＊『大谷翔平 二刀流の軌跡』辰巳出版（日本のプロ野球からメジャーに移るときに、現在の心境について語った言葉）

私が「天職の3要素」と呼んでいるのは以下の3つの要素です。

A：あなたが得意な作業
B：あなたが好きな作業
C：報酬が支払われる作業

この3つの要素をすべて満たしているものが、あなたにとっての「スイートスポット」であり、それが天職になる可能性が高いのです。私は「仕事のスイートスポット」と呼んでいます（21ページの図参照）。

AとBの要素がともなう作業は、その気になれば見つけ出すことは難しくありません。おそらくそれは、あなたの趣味のなかに確実に存在する要素でしょう。

スポーツ、楽器演奏、囲碁・将棋等は、もともと趣味として多くの人々が楽しんでいたもの。その技巧を極限まで高めた人に対して、報酬が支払われるようになったのです。今では、この分野で莫大な報酬を得ている人たちもたくさんいます。

しかし、この分野でプロフェッショナルとして仕事にできる人たちの数は限られています。もっといえば、あなたがいくら「好き」で、「得意」な作業でも、報酬を支払われるほどまでにその技を高めるのは、至難の業です。

多くの人々は、Cの「報酬が支払われる作業」に追われていることでしょう。それならば、Cの作業を「好き」になればいいのです。自然にかつ自動的に「得意」になっていくはずです。

キーワードは「成長」です。目の前の作業を通して、自分が成長することに喜びを感じられるようになれば、内容がどんなものであれ、かならずその作業を好きになることができるのです。

そして、好きになることにより、その作業に没頭でき、間違いなく得意なものに変わっていきます。そうなれば、必然的に作業に支払われる報酬も増えていくだけでなく、組織に貢献できれば、肩書や大きな裁量権というご褒美まで手に入るのです。

左のページの図の「あなたにとっての『仕事のスイートスポット』を見つけよう」について、真剣に考えてください。それを見つけることができれば、近い将来、あなたの運命は変わり、充実感あふれる人生を送れるようになるのです。

あなたにとっての「仕事のスイートスポット」を見つけよう

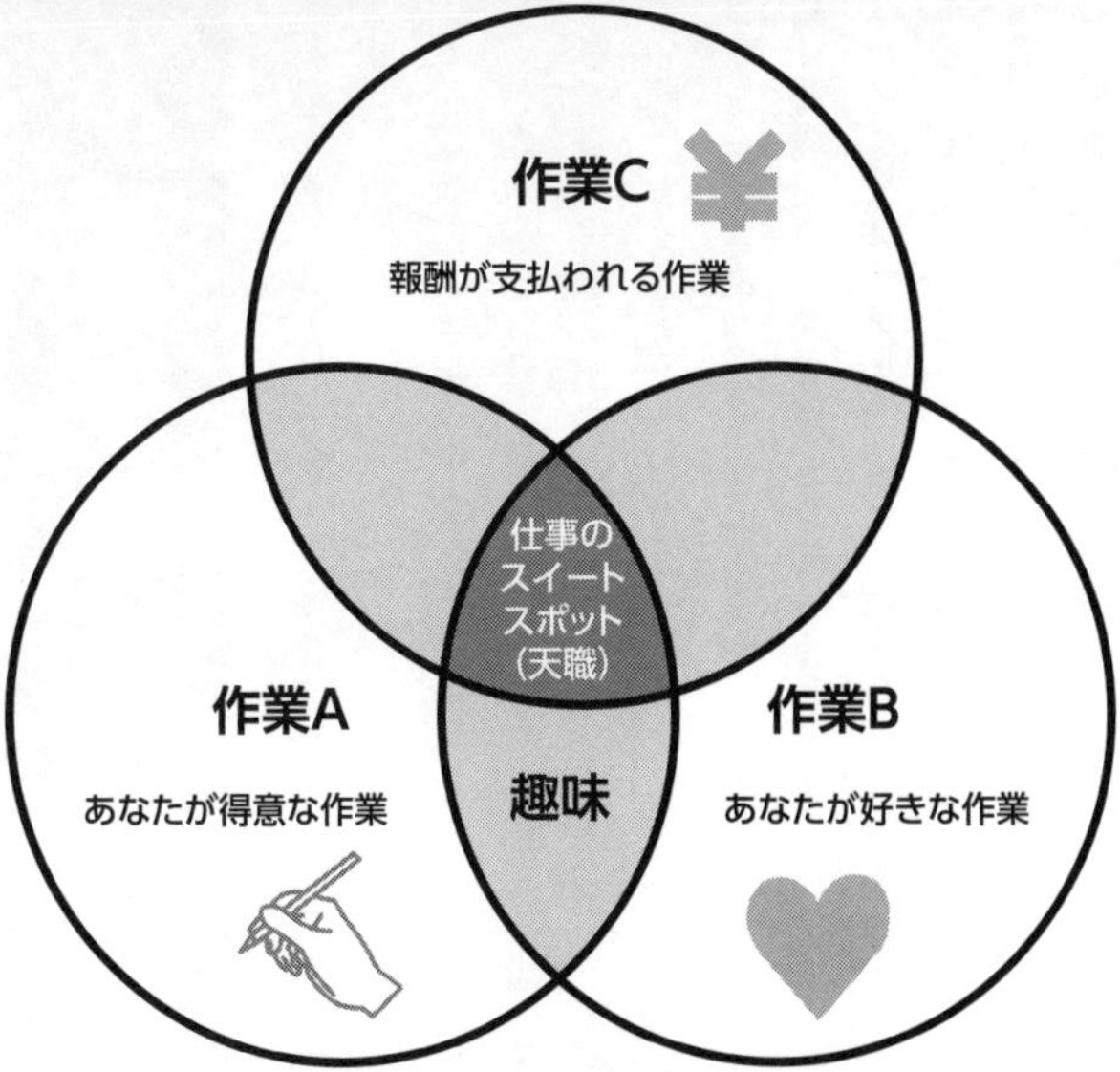

作業C

報酬が支払われる作業

仕事の
スイート
スポット
（天職）

作業A

あなたが得意な作業

趣味

作業B

あなたが好きな作業

作業Aかつ作業Bかつ作業C＝天職

作業Aかつ作業B＝趣味

＊『Dark Horse「好きなことだけで生きる人」が成功する時代』
トッド・ローズ、オギ・オーガス（三笠書房）を参考に作成

Section 04 「私の天職」を見つけ出そう

「好き」と「得意」を活かして生きることにより、あなたは充足感や幸福感を得られます。

20世紀は「富」と「肩書」を獲得することで、充足感や幸福感が得られた時代でした。しかし、それは「偽りの充足感や幸福感を満たすもの」でしかありません。

私自身の経験を記すと、京都大学を卒業して、10年間のビジネスマン生活を送り、その間にアメリカの大学（カリフォルニア大学ロサンゼルス校大学院）に留学し、その後、プロテニスコーチとして5か所のテニスクラブ・スクール運営会社を経営しながら、現場でテニス指導も行ないました。

その後、体育系大学の教員に転身。教鞭をとるかたわら、250冊以上の書籍を執筆し、1000回以上の講演の講師を務めることができました。

このように、社会人としての半世紀を振り返ったとき、私の人生はまさに「好き」と「得意技」を仕事にできた幸せな人生であったと思います。

多くの人たちは、「大谷翔平選手のような、類まれなるひと握りの人間だけが凄い才能をもっており、その才能が彼らを大成功に導いている。彼らは、私たちなど到底真似のできない特別な人間なんだ」と考えています。

しかし、それは明らかに間違っています。すべての人たちは、もの凄い潜在能力をもってこの世に生まれてきたのです。ただ残念なことに、多くの人たちは、その潜在能力に気付かないまま、この世に別れを告げているのです。

大谷選手は「野球」という分野で「好き」と「得意」のパワーをいかんなく発揮したからこそ、一流アスリートの仲間入りができたのです。程度の差こそあれ、私たちも「好き」と「得意」を手がかりに自分の武器に気付き、人生の時間をたっぷりその武器に注ぎこんで鍛錬をくり返せば、誰からも一目置かれるような人間になれます。

大谷選手が何で評価されているかは、いうまでもないでしょう。彼の得意技である「野球」が彼を際立たせているのです。つまり、私たちが評価されるのは2番目の才能ではなく、最大の才能なのです。

私たちが有する時間は限りがあります。限られている「人生」という時間のなかで、

「好き」と「得意」を活用して武器にするのは、たったひとつの分野で十分です。

私の大好きな、大谷選手の言葉がここにあります。

「考えることはいつもシンプルです。どこまで自分を伸ばせるかというところにしか興味がないので、その結果、ワールドシリーズで勝てれば、そこがてっぺんなんじゃないですか。

＊『大谷翔平　野球翔年Ｉ日本編２０１３‐２０１８』文藝春秋

もし、あなたが「特別な人間だけが凄い才能をもっている」と認識しているなら、いますぐ考え方を変えてください。

そうではなく、「誰でも凄い才能をもっている」のです。才能に気付いていないか、気付いていても、それを高める努力を怠っているか、そのどちらかです。

左のページに「天職を見つけるためのチェックシート」を示します。これらの質問に答え、181ページの評価表でチェックしてください。あなたが天職を見つけられる能力がわかります。

いますぐ自分の「好き」で「得意」な潜在能力を探し出し、それを高める鍛錬の旅に出発しましょう。あなたが一流の仲間入りをするには、その方法しかないのです。

天職を見つけるためのチェックシート

記入日　20　　年　　月　　日

以下の質問において、「はい」に近いなら左側の数字に、「いいえ」に近いなら右側の数字に、その程度に応じて最適な数字を○で囲んでください。

		はい▼				いいえ▼
1	私は自分の武器を認識している	5	4	3	2	1
2	私は自分の武器を洗練させる努力をしている	5	4	3	2	1
3	私は自分の好きなテーマを認識している	5	4	3	2	1
4	私はいまの仕事が大好きだ	5	4	3	2	1
5	私には将来やりたい仕事がある	5	4	3	2	1
6	私はつねに現在の仕事も含めて天職を探し求めている	5	4	3	2	1
7	私の趣味は仕事になることが可能である	5	4	3	2	1
8	私は何事にも好奇心旺盛である	5	4	3	2	1
9	私には転職について意見交換する友達がいる	5	4	3	2	1
10	私の仕事はAIに置き換わることはないと思う	5	4	3	2	1
11	私は好き嫌いがはっきりしている	5	4	3	2	1
12	私には長く付き合っている趣味がある	5	4	3	2	1
13	私は向上心旺盛である	5	4	3	2	1
14	私は一流の人たちが書いたり、取り上げられた本を読むことが大好きだ	5	4	3	2	1
15	私の現在の仕事は誰にでもできる仕事ではない	5	4	3	2	1
16	私はひとつの分野のスペシャリストであるという自覚がある	5	4	3	2	1
17	私は天職について考えることが多い	5	4	3	2	1
18	私はどちらかというと、人と違う道を歩みたいと思っている	5	4	3	2	1
19	私は独立心が強い人間だ	5	4	3	2	1
20	私は何事も自分で決めないと気が済まない	5	4	3	2	1
	得点	(　)	(　)	(　)	(　)	(　)

合計点　(　　　　)

Section 05 挑戦する「過程」を楽しもう

「好き」と「得意」を手がかりにして自分の人生を成功に導きたかったら、みずから決断する習慣をつけましょう。一見、運はコントロールできないように思えます。しかし、事実はそうではありません。物事のとらえ方ひとつでどんどん運が向いてきます。決断しなくても、私たちは生きることができます。あるいは、世の中の流れに身を任せるだけで人生を終えることもできます。これはとても楽な生き方です。

しかし、充実感や満足感という点において、この生き方では自分を納得させることなど到底できません。大谷選手が北海道日本ハムファイターズに入団したあと、栗山英樹監督（当時）は、こんな話をしています。

「二刀流がよかったのか、悪かったのか、それはまだ僕にはわからないことですが、ただ、『違うやり方があるんだ』ということは間違いなく彼は見せてくれました。二刀流は、みんなに野球の面白さの幅を感じてもらう材料だと僕は思っています。いま、野球が大きく変化しなければいけない時期に来ているなかで、翔平は、本当に神様から遣わされた人間なんだろうなと思う瞬間が多々ありました」

＊『道ひらく、海わたる 大谷翔平の素顔』扶桑社

大谷選手のような一流の人間の共通点は、「『好き』と『得意』を手がかりにして、自分で決断し、その決断を実際の行動に移せる」こと。結果は関係ありません。

大谷選手にとっては、「好き」と「得意」がやる気の源泉になっているため、結果がどうであれ、行動そのものが快感なのです。だから、うまくいこうが、うまくいくまいが、後悔することはないのです。

頭のなかで「これは無理だ」と考えて行動に移さない人たちは、それを賢い選択だと考えているかもしれませんが、大谷選手のような「行動することそのものが成功」と考えている人間からすると、そんな選択は賢明でも何でもなく、ただ臆病なだけ。

もっといえば、そういう生き方からは、「生きている」という実感なんて到底得られないのです。「好き」と「得意」を武器にして、自分の夢をかなえるまで絶対あきらめないでチャレンジしつづける。それが成功するための唯一の手段です。

たとえ人生を終えるまでにその夢がかなわなくても、挑戦する過程そのものを楽し

むことができた人は幸せ者なのです。

つまり、うまくいった結果で快感を得るのではなく、その過程を快感と思えるようになったら、あなたは一人前だといえるのです。

「人生は食事に似ている」と私は考えています。食事の目的は「食事を終えること」ではなく、食事をしている時間を楽しむこと」だと誰もが知っているはずなのに、人生では夢をかなえることにのみ意味を見出し、その過程に意味を見出せない人がなんと多いことでしょう。

おいしい食事を食べ終わったときの満足感も大切ですが、食事を食べ終わるまでの時間を楽しむことのほうがその何倍も大切であることを、人生にも適用すべきです。

左のページに、「好きで得意なことを見つけるチェックシート」を示します。思いつくまま自分の好きなこと、得意なことを記入してください。

そして、チェックシート下部にある4つの質問に答えて、その得点を①〜④に記入して総得点を求めましょう。15点以上取れたら、それがあなたの天職になる可能性があります。

自分の人生は自分でつくる。そう宣言して、自分が納得のいく人生の第一歩を踏み出してください。そうすれば、どんどん好運が舞いこむようになるはずです。

好きで得意なことを見つけるチェックシート

記入日　20　　年　　月　　日

自分が好きで得意だと思う事柄を、思いつくまま以下の欄に記入してください。15点以上の得点があれば、天職になる可能性が高いといえます。

	好きで得意な分野	①	②	③	④	合計点
1.						
2.						
3.						
4.						
5.						
6.						
7.						
8.						
9.						
10.						

それぞれの事柄について以下の4つの質問に答えて、表に得点を記入します。

① これは、あなたの好きなことですか?
② これは、あなたが得意なことですか?
③ これは、仕事としてニーズがありますか?
④ これを、仕事にしてみたいですか?

まったくそうである……5点
かなりそうである………4点
どちらでもない…………3点
あまりそうでない………2点
まったくそうでない……1点

Section 06

「武器」と「弱点」を自覚しよう

「好き」と「得意」を手がかりにして、夢をかなえる。このことを片時も忘れてはいけません。あなたの強みを知っているのはあなただけです。自分の強みは、結局は自分にしかわかりません。自分の強みは自分で発見し、それを決めたら、誰がなんといおうと、それを仕事の武器にしましょう。

それだけでなく、大谷翔平選手のように類まれなる域にまで高めましょう。

未来は誰にもわかりません。それでも、たった一度の人生を自分の強みに懸けて、それを仕事に活かせば、人生を終えるときに絶対後悔しないはず——このことを自覚してください。もちろん、その武器を極めるには、気が遠くなるほどの時間を注ぎこまなければなりません。その道のりは長く、ゴールも遠くにあります。そのことは覚悟する必要があります。

ノースウェスタン大学の教育心理学者ベンジャミン・ブルーム博士は、ピアニスト、彫刻家、オリンピック選手、数学者といった世界的な名声を獲得している人間を調査しました。その結果、彼らがその分野において第一歩を踏み出してから、一流の仲間入りをするまでの期間は、10年から17年であるという結論を得ました。

大谷選手が本格的に野球をはじめたのは、小学3年生になる直前の春だといいます。そして一流の仲間入りしたのは、高校を卒業し、北海道日本ハムファイターズに入団した2年目、投手として11勝、打者として10本の本塁打を打った2014年シーズンであると、私は考えています。野球をはじめてから、12年かかっています。

「不得意なこと」の矯正に時間をかけることは誰にとっても嫌な作業ですが、「得意なこと」に没頭することなら、あなたも進んで行なえるはずです。

私自身も、自分の武器に徹底して磨きをかけることに人生の多くの時間を注いできました。いま振り返ってみて、そのことをまったく後悔していません。

むしろ、1冊目の本を執筆した25年前よりも現在のほうが、パソコンとにらめっこしながら執筆に没頭する時間が楽しくてたまりません。単純に武器を磨けば、どんなに面白くない作業も面白くなってくるのです。

当然のことながら、私には弱みもあります。テニスは得意ですが、泳ぎは不得意ですし、50メートルを走らせたら、駆けっこの得意な小学4年生にまったくかなわないでしょう。飛行機も苦手ですし、お金を払ってまでジェットコースターに乗りたくありません。食べ物の好き嫌いもあります。

しかし、私は自分の弱点を悔いたことは一度もありません。

雑誌のインタビューで、自分の弱点について、大谷選手はユーモアを交えながら、こう語っています。

「弱点？　何ですかね…そんなの、いっぱいあります（笑）。なんでしょうね、僕、ひとりじゃ何もできませんよ。とくにアメリカでは、ひとりじゃ何もできません。ようやく去年、免許は取りましたけど、それまでは運転もできなかったし、ひとりでできないことがけっこうありますね。まぁ、最低限、生きていくことくらいはできると思いますけど（笑）、ひとりじゃ不便だな、と思うことはたくさんあります」

＊『Number　２０２１年９月24日号』文藝春秋

左のページに「自分の武器を自覚するチェックシート」を示します。181ページの評価表で評価してください。自分の「武器」と「弱点」を知ることにより、あなたは絶対に後悔しない人生を送ることができるのです。

自分の武器を自覚するチェックシート

記入日　20　　年　　月　　日

以下の質問において、「はい」に近いなら左側の数字に、「いいえ」に近いなら右側の数字に、その程度に応じて最適な数字を○で囲んでください。

		はい▼				いいえ▼
1	私は自分の武器をしっかり自覚している	5	4	3	2	1
2	私はつねに自信満々の表情と態度を絶やさない	5	4	3	2	1
3	私は何事にも没頭するタイプである	5	4	3	2	1
4	私にも弱点はあるが、全然気にしていない	5	4	3	2	1
5	私は成長や進化にとても貪欲である	5	4	3	2	1
6	私はこれからの時代に生き残っていける	5	4	3	2	1
7	私はとても粘り強い性格である	5	4	3	2	1
8	私はとびきりの努力家だ	5	4	3	2	1
9	私は頭で考えるより、行動を優先させるタイプである	5	4	3	2	1
10	いまの自分の勉強や仕事に、自分の強みが反映されている	5	4	3	2	1
11	私は周囲の人たちの意見に安易に流されない	5	4	3	2	1
12	私は好き嫌いが激しい人間である	5	4	3	2	1
13	私は人と比較することよりも自分を超えることにやりがいを見出す	5	4	3	2	1
14	私は本来、創造性豊かな人間である	5	4	3	2	1
15	私は自分のミッションに沿った生き方をしている	5	4	3	2	1

得点（　）（　）（　）（　）（　）

合計点（　　　）

Section 07 徹底して「自分の武器」を磨こう

あなたは、自分の武器を認識し、それを高める努力をしているでしょうか？　あなたが現在学生であっても、ビジネスパーソンであっても、あるいは、組織で働く人間であっても、独立した自由業であっても、これからの時代は、自分の得意技を徹底的にアピールして、その技を極限まで高める努力が求められます。

大谷選手ほど、このことに執着するアスリートは見当たりません。大谷選手の資質について、北海道日本ハムファイターズの栗山英樹監督（当時）はこう語っています。

「（２０１７年）11月11日の会見で、本人（大谷選手）はこういっていましたよね。自分の一番の特徴は『自分がこうだと決めたら最後までやり続ける強さと忍耐力』だと。それは本当にその通りで、アイツ（翔平）はこうするんだと本気になったときは、できるまで必ずやり切る。その姿勢が、二刀流をやるにあたって僕が絶対に出来ると思えた一つの大きな材料です」

ここで、私が大好きな話をしましょう。ふたりのきこりが丸太を切る競争をしました。ふたりが木を切る能力、ふたりに与えられた丸太、そしてノコギリの性能もまったく同じです。制限時間は1時間。

「ヨーイドン」の合図とともに、きこりAは木を切る作業にとりかかり、全力で丸太を切っていきました。1時間後、彼は4本の丸太を切ることに成功しました。

一方、きこりBは、最初の20分は木を切ることなく、別の作業をしていました。20分後、彼はやっと木を切る作業にとりかかります。そして残りの40分間で、なんと8本の丸太を切り落としたのです。彼は最初の20分間、何をしていたのでしょう？

答えは、「ノコギリの歯を研いでいた」のです。

私たちは忙しさにまぎれて、錆びたノコギリで木を切っていないでしょうか？　目の前のルーティンワークに埋もれて、あなたの「得意技」を錆びさせてはいけません。あるいは、ただ漫然と目の前の仕事をこなすだけでは、成長できません。

大谷選手のように、ふだんから自分の武器を頭に叩きこんで、最優先で自分の武器

*『道ひらく、海わたる 大谷翔平の素顔』扶桑社

を磨く時間を確保しましょう。このことにかんして、大谷選手はこう語っています。

「野球を始めたときも、一流のピッチャーになるんだとか、一流のバッターになるんだとか思っていたわけじゃない。いいバッティングをしたい、いいピッチングをしたい。それをいつも望んできました」

＊『大谷翔平 二刀流の軌跡』辰巳出版

仕事というものは、たった一度きりの人生のなかで、もっとも時間を占めるもの。もう一度目の前に仕事があることに感謝し、その仕事を見つめ直して、以下のようなことを自問自答してみましょう。

なぜいまこの仕事は存在するのか？
この仕事に対して、自分の報酬はどこから捻出されているか？
この仕事に求められる最大の技とは、何だろう？

徹底して、あなたの最大の武器を洗練させることに全力をつくす。これは、あなたの人生にとって、あなたが考えている以上に大切なことなのです。

ふたりのきこりの明暗はなぜ分かれた?

合図とともに、木を切る作業に取りかかり、
4本の丸太を切ることに成功

合図とともに、ノコギリの歯を研ぐ作業に取りかかり、
切れ味が鋭くなったノコギリで8本の丸太を切ることに成功

目の前にあることにとらわれすぎず、「自分がもっているオリジナルの武器」を磨くことに集中すれば、結果がついてくる

Section 08 「欲しいものを手に入れる天才」になろう

大谷翔平選手にとって、欲しいものは「好きなもの」であり、かつ「得意なもの」です。つまり、彼は欲しいものを手に入れる天才なのです。

欲しいものを手に入れる方法は、じつは簡単です。四六時中、その欲しいものを想像すればいいのです。

ただし、中途半端ではいけません。すでに欲しいものが手に入っている姿をリアルに頭のなかに描き、脳に刻みこむことが求められます。

北海道日本ハムファイターズ時代に、大谷選手はこう語っています。

「目標を持つことは大事だと思いますし、僕がどういう選手になるのかというのは自分で決めること。どういう選手になりたいのかといわれたら、毎日試合に出て、大事なところで打てる選手。任された試合には負けないピッチングができる選手。チームの柱として頑張っている選手を想像するのはすごく大事なことかなと思います」

＊『大谷翔平 野球翔年Ⅰ 日本編2013-2018』文藝春秋

脳は本来、言葉よりも画像を記憶することが得意です。その証拠に、人間以外の動物の脳は言葉を記憶することができません。ただし、画像を鮮明に記憶することにかけては、多くの動物が人間に勝るとも劣らない機能を身につけています。

少年時代の大谷選手の脳内には、プロ野球選手だけでなく、メジャーリーガーとして二刀流で活躍する未来の自画像が鮮明に描かれていたはずです。大谷選手がもつ強い意志力こそが、彼の脳内に鮮明な未来像を描かせ、夢を実現させたと、私は考えています。

あなたもいますぐ、欲しいものを画像にして、脳内に入力する作業をくり返しましょう。欲しいものをイラストにしたり、写真にして、それをひんぱんに見つづけるのです。

たとえば、自分が欲しいクルマがあれば、そのクルマをスマホで撮ったり、写真をふだん使うバッグやスーツの内ポケットに忍ばせておき、1日に最低10回はその写真を見る習慣を身につけてください。

それだけでなく、写真を見るたびに、「かならずこのクルマを手に入れる」と心のなかでくり返し唱えてください。

私は現在、トーナメントで活躍する6名のプロゴルファーのメンタル面をバックアップしています。私はひんぱんに彼らに欲しいものを聞きただします。彼らは口を揃えて「優勝」と答えます。

そんな彼らに、私は「自分が高々と優勝カップを掲げているシーン」を事あるごとにイメージしながら練習を積み重ねることの大切さを強調しています。そして、この習慣を身につけたふたりのツアープロが、1年以内にトーナメントで優勝を果たしたのです。

強烈に脳に刻みこんだ夢は、自然発生的に正しい努力を積み重ねることをうながし、いずれその夢は実現します。反対に、いくら努力を重ねても、具体的に描かれていない夢は徒労に終わる運命にあるのです。

エンゼルスの一員としてメジャーリーガーになった当初、大谷選手はこう語っています。

「行けるところまで能力を伸ばして、エンゼルスがワールドシリーズで勝つ。そこが、今、見ている一番上のところじゃないかなと思います」

夢への行動力アップシート

記入日 20　年　月　日

なんとしても実現したい夢を記入してください。夢を記入したら、この用紙をコピーして、定期的に「ひと口コメント」と「進捗度」を記入してください。

夢を言葉で表現しましょう	夢を絵で表現しましょう	ひと口コメント
❶夢を言葉で表現しましょう	夢を絵で表現しましょう	ひと口コメント 達成期限 20　年　月　日 達成日 20　年　月　日 達成度　%
❷夢を言葉で表現しましょう	夢を絵で表現しましょう	ひと口コメント 達成期限 20　年　月　日 達成日 20　年　月　日 達成度　%
❸夢を言葉で表現しましょう	夢を絵で表現しましょう	ひと口コメント 達成期限 20　年　月　日 達成日 20　年　月　日 達成度　%
❹夢を言葉で表現しましょう	夢を絵で表現しましょう	ひと口コメント 達成期限 20　年　月　日 達成日 20　年　月　日 達成度　%
❺夢を言葉で表現しましょう	夢を絵で表現しましょう	ひと口コメント 達成期限 20　年　月　日 達成日 20　年　月　日 達成度　%

反省欄

*『大谷翔平 野球翔年I 日本編2013-2018』文藝春秋

あなたが描く夢以上の夢を実現することは、とうてい不可能です。ならば、「好き」と「得意」を武器にして、壮大な夢を実現するための努力を積み重ねる。これ以外に夢を実現する強力な方法は見当たらないのです。

41ページに「夢への行動力アップシート」を示します。夢を言葉と絵で表現して、「達成期限」を設定しましょう。それだけでなく、このシートをひんぱんに見る習慣をつけて「進捗（しんちょく）状況」を定期的にチェックしましょう。

そうすれば、あなたの夢は思いのほか簡単に実現できるのです。

2

大谷翔平から学ぶ成功メソッド

一流になるための「やり抜く力」を手に入れよう

Section 09

何度も「ゾーン」と遭遇しよう

大谷翔平選手にとって、忘れられない試合があります。それは、北海道日本ハムファイターズ時代、２０１６年9月28日の埼玉西武ライオンズ戦です。ファイターズは優勝マジック1。敵地でライオンズと対戦しました。中6日で先発マウンドに上がった大谷選手は味方打線が4回表に得点した1点を守り抜き、見事に1安打完封勝利。人生初の胴上げ投手に輝いたのです。栗山英樹監督（当時）はその試合について、以下のように語っています。

「勝つために、そして優勝するためにすべてを投げ出すという状況で、翔平が結果を残したあの試合というのは、とても感動しました」

＊『道ひらく、海わたる 大谷翔平の素顔』扶桑社

試合を振り返って、大谷選手はこう語っています。

「僕が優勝を決める試合で投げたいなって。来るなら来て欲しいなって。相手の先発が（菊池）雄星（ゆうせい）さんでしたし、（出番が）来て欲しくないという気持ちも少しはありましたけど、当日は、これはもう『決めろ』ということだなという感じでした」

＊『道ひらく、海わたる 大谷翔平の素顔』扶桑社

この日、大谷選手は「ゾーン（最高の瞬間）」に出会えたのです。シーズンを通してもっともプレッシャーがかかる場面で、最高のパフォーマンスを発揮できるのが一流アスリートの共通点。「ゾーン」はスポーツ心理学においていまだに神秘的なテーマです。選手にとって「ゾーン」とは、以下のような現象が起こることを意味します。

・面白いようにプレーがうまくいく
・次に何が起こるかが完璧に予測できるような感覚に襲われる
・最高に快適な心理状態を維持してプレーできる
・雲の上にいるようなフワフワとした感覚になる
・自分のプレーをあまり覚えていない

あなたにも仕事が思いのほかうまく運び、いいことが次つぎに起こる日が、年に数回あるはずです。その日、あなたは「ゾーン」にめぐり会ったのです。

この分野の世界的権威チャールズ・ガーフィールド博士は「ゾーン」についてこう語っています。

「選手は成功の可能性を持っている。日常生活はどこかに行ってしまい、選手はまるで自動操縦のスイッチが押されたかのように『その瞬間』を完全に演じ始める。選手は現時点にすべてを集中している。集中力はとても強く、行動は、それが起こる前に予知され得る。（中略）行動に完全に集中している感覚は、選手が完全に没頭している行動と一体化する」

＊『ピークパフォーマンス』ベースボール・マガジン社

2021年シーズン、大谷選手は何度も「ゾーン」とめぐり合ったから、投手として9勝、打者としてホームラン46本という偉大な記録を成し遂げたのです。

左のページに「ゾーン感覚チェックシート」を示します。この用紙を活用して日常生活を送るだけで、あなたにも突然「ゾーン」が訪れるのです。左のページの下の質問に答え、その合計点を出し、181ページの評価表で評価してください。

ゾーン感覚チェックシート

記入日 20　年　月　日

過去に物事が驚くほどうまくいった日のこと(フロー体験)を思い出しながら記入してください。

フローを経験した日にかんするメモ

20　年　月　日	天気	気温　度

その日の出来事について、以下に記してください。

以下の質問に対して、「はい」なら左側の数字に、「いいえ」なら右側の数字に、程度に応じて最適な数字を○で囲んでください。

		はい▼				いいえ▼
1	私は過去の最高の瞬間を再現することが大好きである	5	4	3	2	1
2	私は過去に何度も「ゾーン」を味わったことがある	5	4	3	2	1
3	私は仕事をする環境整備に万全をつくしている	5	4	3	2	1
4	私は現在の仕事に満足している	5	4	3	2	1
5	仕事や趣味において、時間を忘れて没頭することが多い	5	4	3	2	1
6	私は単調な作業の反復練習をやりつづけることができる	5	4	3	2	1
7	私はささいな違いを敏感に察知することができる	5	4	3	2	1
8	私は論理よりも感性を優先させるタイプである	5	4	3	2	1
9	私は事実をありのまま受け入れてベストをつくすことができる	5	4	3	2	1
10	私は瞑想やヨガに関心をもって取り組んでいる	5	4	3	2	1

Section 10 どんなときも「自分史上最高」をめざそう

私たちは大谷選手のような「誰にも真似のできないような凄いパフォーマンスを発揮する」ことはできないかもしれません。しかし、「最高の自分になる」ことなら可能です。「世界一をめざす」のではなく、「自分史上最高をめざす」ことが大事です。

北海道日本ハムファイターズ時代に、大谷選手はこう語っています。

「常に結果は欲しいですよ。それは1年目からそうでした。でも、だからといって、結果を残さなきゃ、というプレッシャーは感じませんでした。僕はピッチングにしても、バッティングにしても、自分の形をどれだけ高いレベルでできるのかなっていうところに楽しみがあるだけなので…」

＊『大谷翔平 野球翔年Ⅰ日本編2013-2018』文藝春秋

他人と比較することをやめ、「好き」と「得意」を追究し、「自分史上最高をめざす」ことに特化して、鍛錬を積み重ねましょう。

あなたは、「大谷選手が類まれなる野球の才能があったから、一流のメジャーリーガーになり得た」と考えているかもしれません。その答えは半分正解で、半分不正解です。もちろん、大谷選手に野球の才能がなければ、メジャーリーガーはおろか、プロ野球選手にもなり得ません。これが正解です。

そして不正解は、才能だけで真の一流にはなり得ないという事実です。何よりも、血のにじむような長期間の鍛錬の積み重ねがあったから、彼は夢を実現できたのです。

プロ野球では毎年ドラフト会議が行なわれ、12人の選手がドラフト1位として入団します。このうち、私の分析では、一軍のレギュラーとして試合に出つづけることができるのは、せいぜい5人にひとり程度。ケガなどさまざまな事情もあるでしょうが、「ドラフト1位」の選手でもそうなのです。

ベストセラー『やり抜く力 GRIT』を著した著名な心理学者アンジェラ・ダックワース博士は、才能、努力、達成の関係性を以下の方程式で表しています。

才能×(努力の2乗)＝達成

彼女は「才能とは、努力によってスキルが上達する速さ」「達成とは、スキルを活用することによって得られる成果」と定義しています。つまり才能よりも努力のほうが達成への寄与度が明らかに大きいのです。ダックワース博士はこうも語っています。

「私の計算がほぼ正しければ、才能が人の2倍あっても、人の半分しか努力しない人は、たとえスキルの面では互角であろうと、長期間のスキルを比較した場合には、努力家タイプの人に圧倒的な差をつけられてしまうだろう。なぜなら、努力家は、スキルをどんどん磨くだけでなく、そのスキルを生かして精力的に壺をつくったり、本を書いたり、映画を監督したり、コンサートを開いたりするからだ。重要なのはスキルそのものではなく、壺や本や映画やコンサートの『質』や『量』だとすれば、努力家のほうが、努力しない天才よりも大きな成果をあげることになる」

＊『やり抜く力 GRIT』ダイヤモンド社

「好き」と「得意」をエネルギー源にして、目の前の作業にのめりこむ。この姿勢があなたを一流の人間に仕立ててくれるのです。博士が開発した「成長思考理論」の模式図を示します。「成長思考」を身につけるだけでたくましく成長できるのです。

成長思考をすると楽観的になり、粘り強くなる

成長思考 ➡ 楽観的に考える ➡ 逆境でも粘り強く頑張れる

「成長思考」「やり抜く力」を妨げる表現	「成長思考」「やり抜く力」を伸ばす表現
「才能があるね!　すばらしい」	「よく頑張ったね!　すばらしい!」
「まあ、挑戦しただけえらいよ!」	「今回はうまくいかなかったね。一緒に今回の方法を見直して、どうやったらもっとうまくいくか考えてみよう」
「よくできたね! 君はすごい才能をもっている!」	「よくできたね!　もう少しうまくできたかもしれないと思うところはあるかな?」
「これは難しいね。 できなくても気にしなくていいよ」	「これは難しいね。すぐにできなくても気にしなくていいよ」
「これは君には向いていないのかも。でも、いいじゃないか。君にはほかにできることがあるよ」	「もうちょっと頑張ってみようか。一緒に頑張ればかならずできるから」

＊『やり抜く力――GRIT人生のあらゆる成功を決める「究極の能力」を身につける』アンジェラ・ダックワース著（ダイヤモンド社）を参考に作成

Section 11 「自分を超える」ことに全力をつくそう

大谷選手の練習への取り組み方は「自分を超える」です。彼はライバルを意識することもなければ、タイトルへの執着もあまり感じられません。つまり、彼のライバルは自分自身。彼のやりがいは「自分を超える」ことに尽きるのです。

大谷選手はひんぱんに自分のスイングやフォームの映像を見て、何かヒントをつかんだらすぐに試してみるといいます。そのことについて大谷選手はこう語っています。

「よくなかったこと、よかったことが毎日、出てくるんです。今日もありましたよ。それを明日、どうやってみようかなっていうのが何個か出てきて、それを次の日に試して、という繰り返しです。そうやって、ちょっとずつ伸びてくるんじゃないかと思います」

＊『Number web ２０２０年5月7日』

探究するテーマを頭に叩き(たた)こみ、一点集中の気迫でなりふりかまわず時間をたっぷりかけて、自分の武器を磨くことに全力をつくす——これこそ執着力の正体です。「ああでもない、こうでもない」と思案しながら仕事のプロセスそのものに価値を見出して、仕事にのめりこめば、大谷選手のように「自分を超える」ことができるのです。

自分を超えるためには「やり抜く力」が不可欠であると、私は考えています。「やり抜く力」と聞くと、必死の形相で目の前の作業を持続するというイメージを描く人もいるでしょうが、それは真のやり抜く力ではなく、やせ我慢でしかありません。

テーマをもって目の前の作業のなかから飛躍のヒントを探り出すという姿勢であれば、自発的に作業にのめりこめるのです。これこそ「やり抜く力」の正体です。私は「やり抜く力」にかんして、以下のように定義しています。

①やり抜く力は、筋肉と同じように鍛えれば鍛えるほど強固になる
②やり抜く力は、好奇心や興味と相性が良い
③やり抜く力は、狭く、深く思索することと相性が良い

「やり抜く力」で偉業を成しとげた19世紀の自然科学者チャールズ・ダーウィンは、「私は抽象的な概念にかんして延々と思索する能力に乏しい」とみずからの欠点を吐露しています。この言葉につづけて、ダーウィンはこう語っています。

「私がふつうの人より優れているのは、ふつうなら見逃してしまうようなことに気づき、それを注意深く観察することだろう。観察にかけても、事実の集積にかけても、私は非常に熱心にやってきた。さらに、それにも増して重要なことは、自然科学に対して尽きせぬ情熱を持ち続けていることだ」

＊『やり抜く力 GRIT』ダイヤモンド社

大谷選手はバットとボールのコンタクトポイントという一瞬に命を懸けています。この一瞬を成功に導くために、意志力を発揮し、探究しつづけてきたからこそ、2021年シーズンにホームラン46本という偉業を成し遂げたのです。

左のページに「やり抜く力チェックシート」を示します。15問の質問に答えて、それぞれ最適な数字に○をつけてください。そして、182ページの評価表で、現状のあなたの「やり抜く力」の水準を確認してください。

大谷選手のように、仕事や勉強のなかにテーマを絞りこみ、粘り強く答えを探究しつづける。その姿勢が、あなたを一流のプロフェッショナルに仕立ててくれるのです。

やり抜く力チェックシート

記入日 20　年　月　日

以下の質問に対して、「はい」なら左側の数字に、「いいえ」なら右側の数字に、程度に応じて最適な数字を◯で囲んでください。

		はい ▼　　いいえ ▼
1	私は何事も最後までやり抜くことができる	5 4 3 2 1
2	逆境になればなるほどモチベーションを上げることができる	5 4 3 2 1
3	私は典型的な情熱家である	5 4 3 2 1
4	私は何事もやりだしたら無我夢中でやりつづけることができる	5 4 3 2 1
5	私はプレッシャーに強いタイプだ	5 4 3 2 1
6	私は典型的な楽観主義者である	5 4 3 2 1
7	私は準備することの大切さをよく認識している	5 4 3 2 1
8	私は何事も中途半端に終わらせることが大嫌いである	5 4 3 2 1
9	目の前にふたつの選択肢があったら、迷わず困難なほうを選ぶ	5 4 3 2 1
10	私にとってトラブルを克服することこそやりがいである	5 4 3 2 1
11	私は失敗しても落ちこむことがない	5 4 3 2 1
12	私はつねに自信満々の表情を浮かべている	5 4 3 2 1
13	私はつねに精神的に安定している	5 4 3 2 1
14	私は気持ちの切り替えが得意な人間である	5 4 3 2 1
15	私はやり抜くことの大切さを誰よりも認識している	5 4 3 2 1

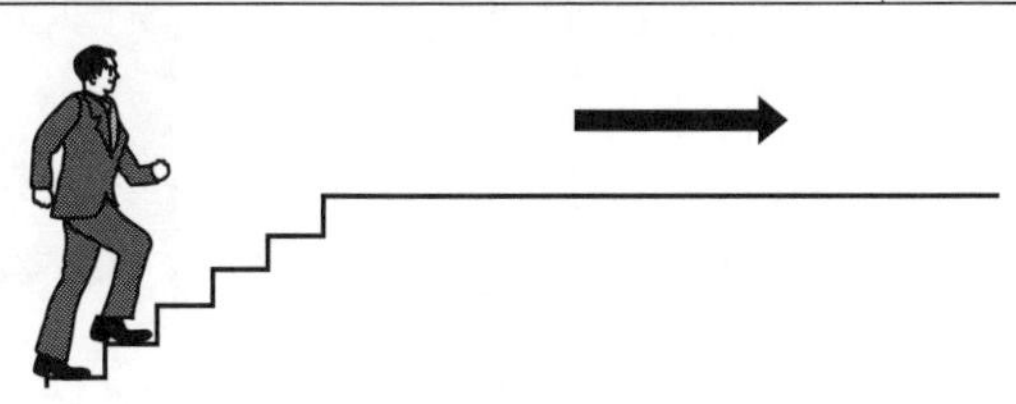

Section 12 「最高の自分」に出会おう

大谷選手を本気にさせているのは、「最高の自分に出会いたい」という思いで間違いありません。このことについて、あるとき大谷選手は以下のように語っています。

「ピッチングもバッティングも、自分の力を出し切れたときには数字も残ると1年目に思いました。出し切ったときにできるし、自分の力を出せなかったときに絶対にごまかせない。結果を出すための第一歩は1年間、健康で、しっかりと自分の力を出し切るところなんだろうなと思っています」

＊『Number web 2020年2月13日』

「最高の自分」に出会うには、自分の最大の武器を認識して、その武器をひたすら磨きつづける覚悟も必要です。まずは「自分が得意だと思っていることは、本当にもっとも得意なことなのか?」について、ひんぱんに自問自答しましょう。

いまの世の中では、2番目に得意なことは評価されません。天才とは、他の人が真似できないほどの得意技を極めて、「最高の自分に出会えた人」のことをいいます。

得意技はひとつでいいのです。ただし、誰にもその得意技で負けてはいけません。大谷選手のように、得意技を極めることに照準を定め、そのことについて24時間考えつづけるのです。ここで、あなたに3つの質問をします。

①あなたは自分の得意技を、いますぐ紙に書き出せますか？
②あなたはその得意技を極めるために日々努力していますか？
③あなたの得意技を目の前の仕事に活用できていますか？

この3つの質問にすべて「はい」と答えることができて、はじめてあなたはプロフェッショナルの仲間入りができるのです。

では、得意技を極めるには何をすればいいのでしょうか？

その答えは「理屈抜きに得意技を極めるための行動を絶え間なく持続させて、ひたすら『量を稼ぐ』」こと。近道はありません。

このことは2018年の大谷選手の言葉からもうかがい知ることができます。1章でも紹介しましたが、私の好きな言葉でもあり、再掲します。

「どこまで自分を伸ばせるかというところにしか興味がないので、その結果、ワールドシリーズで勝てれば、そこがてっぺんなんじゃないですか。行けるところまで能力を伸ばして、エンゼルスがワールドシリーズで勝つ。そこが今、見ている一番上のところじゃないかなと思います」

＊『大谷翔平 野球翔年I 日本編2013-2018』文藝春秋

自分にとっての究極の夢を鮮明に描き、それを実現するために、自分の武器を極限まで鍛え上げる。このような姿勢を貫いたから、大谷選手は「最高の自分に出会えた」のです。頭のなかで「やっても無駄だ」と決めてしまい行動しない人々で世の中はあふれ返っています。私は断言できます。「彼らは、永遠に成功できない」と。

左のページに「最高の自分に出会うためのチェックシート」を示します。とにかく自問自答をつづけ、自分の生き方を決める。それが、最高の自分に出会うためには不可欠です。それだけでなく、自分の最大の得意技を認識して、その技を極限まで引き上げれば、あなたも大谷選手のように壮大な夢をかなえることができるのです。

最高の自分に出会うためのチェックシート

もしも、「最高の自分に出会う具体策」がなかなか決まらなかったら、次のような質問を自分にぶつけてみてください。

1 私は何を待っているのか

2 私の本当の才能は何か

3 ほかを差し置いても欲しいもの、なりたいものは何か

4 私の趣味は何か

5 それは仕事になるか

6 本気でリスクを負う気はあるか

7 自分のやりたいとおりに行動したら、どんなふうになるか

8 いま、それをやらないのはなぜか

9 私のいちばんの強みは何か（社交家だ、メカに強い、数に強いなど）

10 私は誰と交友関係を結びたいか（先生、企業の幹部、セールスマン、スポーツ選手、有名人など）

11 なりたいと思う自分に行き着くには、もっと訓練や教育に投資する必要があるか

12 私のすばらしいアイデアとは何か

13 それはもう、書き記したか

Section 13 「習慣力」を身につけよう

北海道日本ハムファイターズ時代の大谷翔平選手のルーティンは、驚くほど考え抜かれた科学的なものでした。それを大谷選手は見事にこなしました。

たとえば、登板翌日はジョギングやエアロバイクに励んで疲労物質の除去に取り組み、翌々日は完全休養日に。そして3日目から、次の登板のために定められた練習メニューをきっちりこなしました。

この習慣はメジャーリーガーになってからも変わりません。登板前の練習メニューは綿密（めんみつ）に練られています。スタッフとのキャッチボールや、壁に向かって投げる球数も決まっているといいます。もちろん、シーズンオフの日課も大谷選手はルーティン化しています。コロナ禍で短縮された2020年シーズンに入る前のオフの過ごし方について、大谷選手はこう語っています。

「今日は午前10時45分からキャッチボールだったので、10時に球場に行って動き始めて、45分を目指して体を温めて、という感じですね。まずキャッチボールをして、ブルペンに入って、ランニングして、バッティングして、ウェイトして帰ってくる。練習に関しては、申し分なくできていると思います」

＊『Number 2020年5月21日号』文藝春秋

多くの人たちがルーティンを過小評価しています。ルーティンを侮ってはいけません。「毎日同じ場所で同じ時間に同じことをやる」――あなたがいくら壮大な夢を描き、目標を立てたとしても、ルーティンとして定めた日課を無視していれば、達成することなど不可能です。一般的に、同じことを3週間持続させると、それは「習慣」として、あなたに根付きます。自己実現のための習慣術やリーダーシップの研究の世界的権威であるロビン・シャーマ氏は、こう語っています。

「日々を生きるように、あなたは一生を生きるのです。このさき何日もあるのだから今日はどうでもいいだろう、というのは、わたしたちが陥りやすい罠です。すばらしい人生とは、美しい真珠のネックレスのように、満足して送れた日々の連続にすぎません。毎日が重要で、最終結果の質に影響を与えます。過去はもは

や存在せず、未来は想像の産物にすぎないのですから、今日という一日しかないのです。賢く使ってください」

＊『3週間続ければ一生が変わる』海竜社

私の場合、前もっての予定がある場合を除いて、午前5時から正午までの7時間のうち、5時間を執筆に充てることにしています。それだけでなく、外出しないときには、朝食・昼食・夕食はかならず同じ時刻に食べはじめます。よほどのことがない限り、夜9時半に就寝し、午前5時前に起床するというリズムも変えません。

この定着したリズムのおかげで、74歳になるまで入院したこともなければ、大病にかかったこともありません。

あなたも極力、「毎日やることは、同じ場所で同じ時間に同じことをやる」習慣を根付かせてください。もちろん、「仕事時間が不定期で、こんなルーティンは不可能だ」という人もいるでしょう。そうだとしても、できる範囲で時間の使い方を工夫して、「同じ時間に同じことをする作業」を増やしてほしいのです。

左のページに「習慣力チェックシート」を示します。ぜひ、このチェックシートを活用して好ましい習慣を増やしてください。それだけで、あなたは大谷選手のようにすばらしいパフォーマンスを発揮できるようになるのです。

習慣力チェックシート

（毎週1回、同じ曜日にチェックしましょう）20　　年　　月　　週

習慣にしたいこと	1行コメント	実行度
1		%
2		%
3		%
4		%
5		%

やめたい悪習慣	1行コメント	実行度
1		%
2		%
3		%
4		%
5		%

反省欄

注1：習慣にしたいことについて感じることを1行で記入します。

注2：やめたい悪習慣について、やめられない理由について1行で記入します。

注3：実行度は、「習慣にしたいこと」はやった%を、「やめたい悪習慣」はやめた%を記入します。

Section 14 「どうせできない」を退治しよう

大谷翔平選手が発するコメントを分析していると、ひとつの共通点が浮かび上がってきます。それは、ネガティブな表現がほとんど見られないということ。

たとえば、多くの野球評論家が「プロの世界で投打の二刀流は無理」という発言をしたときも、二刀流に対する思いは微塵（みじん）も揺らぐことはありませんでした。このことについて、大谷選手はこう語っています。

> 「無理だと思わないことが一番大事だと思います。無理だと思ったら終わりです。まずやってみて、もしそこで限界が来たら、僕の実力はそこまでということ」
>
> ＊『不可能を可能にする 大谷翔平１２０の思考』ぴあ

多くの人が「壮大な夢を成し遂げる人は、その分野の才能に恵まれていた人」という考えに陥ります。しかし、それは明らかに間違っています。壮大な夢を成し遂げる人の共通点は、才能に恵まれているというより、執着力が並大抵でないことなのです。同じ困難な状況に遭遇したとき、見事にそのピンチを切り抜ける人と、簡単に挫折してしまう人に分かれます。困難に遭遇したとき、実行する前から「これは荷が重過ぎるからできそうもない」と勝手に思いこむのが悲観主義者です。

この人は行動を起こさないか、たとえ行動してもすぐにあきらめます。この行動パターンが執着力のなさを露呈してしまうのです。

ここで簡単に、思考と行動パターンについて説明しましょう。

「できない」というメッセージを発した瞬間、脳全体の働きは即座にシャットダウンされる運命にあります。つまり、ネガティブな言葉を発するだけで、パソコンの電源を強制的に切ってしまうのと同じ現象が脳内で起こるのです。

あるいは、「それは不可能だよ」「そんな夢物語はやめて、もっと現実的になろうよ」といった否定形のメッセージを発する人間は、行動しないための防衛メカニズムが働いて、結局行動しないのです。

やる前から「できない」と決めつけること、それ自体に問題があるのです。否定的な思考パターンが行動力を衰えさせ、それが結果的に執着力のなさを生み出し、夢を達成することを阻んでいるのです。

多くの人々が、その原因を生まれつきのものだと考えてしまいますが、じつはそうではありません。発するメッセージを変えるだけで脳内に化学変化が起こり、「やる気ホルモン」であるドーパミンという神経物質が血液中に大量に分泌されるからです。

あるいは、幸福感を与えてくれるベータ・エンドルフィンという「快感ホルモン」もどんどん脳内にあふれてきます。これにより、行動力と執着力が高まるのです。

反対に、「できない」というメッセージを発すると、不安のホルモンであるアドレナリンや、恐怖のホルモンであるノルアドレナリンが脳内にあふれます。

これらのホルモンが分泌されると、一時的には爆発的な力を発揮できますが、常時分泌すると、その毒性がキラー細胞にダメージを与えて体の免疫力を低下させます。

結果、不快な心理状況を生み出して病気になるリスクも高まります。徹底的に「できない」というメッセージを退治するだけで、不安やイライラは鎮まるのです。

左のページに、「バイタリティチェックシート」を示します。合計点が80点以上になることをめざして、日常習慣を洗練させてください。同じ仕事をこなすにも、「できる」というメッセージを発するだけで行動力を高めることができるのです。

バイタリティチェックシート

記入日　20　　年　　月　　日

1. 今日もやる気に満ちあふれていた
2. 今日の体調は最高だった
3. 今日も集中力を維持できた
4. 今日も楽観的に物事をとらえることができた
5. 今日もアフターファイブを楽しめた
6. 今日も仕事を楽しめた
7. 今日もストレスをしっかり克服できた
8. 今日もしっかり運動することができた
9. 今日もニコニコ笑顔を振りまくことができた
10. 今日も行動的な一日だった

	1	2	3	4	5	6	7	8	9	10
◀ はい	10	10	10	10	10	10	10	10	10	10
	9	9	9	9	9	9	9	9	9	9
	8	8	8	8	8	8	8	8	8	8
	7	7	7	7	7	7	7	7	7	7
	6	6	6	6	6	6	6	6	6	6
	5	5	5	5	5	5	5	5	5	5
	4	4	4	4	4	4	4	4	4	4
	3	3	3	3	3	3	3	3	3	3
	2	2	2	2	2	2	2	2	2	2
いいえ ◀	1	1	1	1	1	1	1	1	1	1

合計点　　　　点

Section 15

「コントロールできること」だけに力を注ごう

大谷翔平選手ほど、冷静に周囲の状況を的確にとらえることができるアスリートはあまり見当たりません。

同じ状況に置かれても、「信念」の違いで解釈が異なり、その違いによって結果も変わります。英国人作家ジェームス・アレンが1世紀以上前に提唱した「原因と結果の法則」は、いまも通用する成功方程式です。その根幹(こんかん)をなすメッセージは、きわめてシンプルです。

アレンは、「自分をとりまく環境という〝結果〟は、自分の思いという〝原因〟がつくり出したものである」と主張しています。

「種子」が原因であり、「果実」が結果です。良い種を蒔(ま)けば、すばらしい果実を生み出し、良くない種を蒔けば、当然のことながら、しおれた果実しか生み出せないのです。

つまり、自分の身のまわりに起こる出来事は、自分の思いが生み出したもの、引き寄せたものなのです。「原因」によって生み出される「結果」。その因果関係に偶然性は存在しません。

「良い心は良い実を結び、悪い心は悪い実を結ぶ」のであり、それは「トウモロコシからトウモロコシが生まれる」ことと同様に、単純明快な必然なのです。

果物や野菜の実りには、育つ土壌(どじょう)も大きく関与しています。ポジティブな思考は豊かな土壌を形成し、ネガティブな思考は栄養分の少ない土壌を形成します。同じ種を蒔いても、ポジティブな思考をすることにより実った果実が得られ、ネガティブな思考からは小さな果実しか生まれないのです。

このことに関連して、大谷選手はあるとき、こう語っています。

「日頃、自分で左右できないことは考えないタイプなので、何事も自分の行動一つで変わっていくということを意識しています。相手の気持ちは変えられないけれど、印象を変えるために自分でできることはある。行い一つ、言葉一つ、身なり一つでちょっとずつ相手の印象が変わるかもしれない。相手の気持ちを変えようとするのではなく、相手の気持ちが変わるように自分でできることをしよう、というこどです」

＊『Number web ２０２１年２月13日』

大谷選手の凄いパフォーマンスは、彼の血のにじむような努力に裏付けられたものであると、多くの人々が考えています。これまで述べてきたように、それは間違いではありません。

しかし、私は「大谷選手のすばらしいパフォーマンスや成功の背後には、かならず彼の好ましい思いと正しい努力が共存している」とも考えています。

大谷選手はつねに、自分が置かれた状況を冷静に把握して、自分ができることに照準を定めて、自分が納得する行動を起こすことができます。大谷選手はこうも語っています。

「僕一人の力でコロナウイルスをなくすことはできないし、そこへ心血を注ぐことはありません。でも、たとえ無観客になったとしても、テレビで観るだけで胸が熱くなるプレーをすることはできる。だったら、そこに心血を注ごうということですね」

＊『Number web ２０２１年２月13日』

安定した感情コントロールチェックシート

ふだんのあなたの生活を振り返り、以下の項目で該当するものにチェックを入れましょう。

【設問】

- ☑ 苦しい状況にあっても、何度でもぶつかっていく気持ちになれる
- ☑ すぐに結果が出なくても、投げ出したりしない
- ☑ つまらない仕事をしているときも、その仕事の面白い部分を見つけるように努力し、仕事をしている「今」を楽しもうとする
- ☑ 人生の難問にぶつかっても、クリエイティブであろうとする
- ☑ まわりがどんな状況でも、いざというときには非常に冷静で、集中し、前向きのエネルギーで満ちていられる
- ☑ 自分の能力の限界に挑戦するのが好きだ
- ☑ 重要な仕事のとき、実力のすべてを出し切ることができる場合が多い
- ☑ プレッシャーがかかっているとき、無力感に襲われたり、疲れを感じることはめったにない
- ☑ 必要なときには、冷静、機敏かつ集中した状態になることができる
- ☑ たいてい感情をうまくコントロールし、力を出し切れるようにもっていくことができる
- ☑ プレッシャーがあるときこそ強い
- ☑ 厳しい状況にあるときも、笑いや喜び、闘争心、ユーモアなど、さまざまなポジティブな感情を呼び起こすことができる
- ☑ 自分がやっていることに完全に集中することができる
- ☑ そうしようと思ったら、ひとつのことに注意を集中させるのは簡単だ
- ☑ やりがいがある問題に取り組んでいるときは、場所も時間も忘れてしまうことが多い
- ☑ 力を発揮すべきときは、ネガティブな気持ちを簡単に払いのけることができる

＊『メンタル・タフネス』ジム・レーヤー著（CCCメディアハウス）より引用

あなたも、日常生活のなかで「コントロールできる要素」と「コントロールできない要素」をしっかり分類しましょう。多くの人がコントロールできないことに過剰反応し、悪感情を抱いて人生を楽しくないものにしています。

一方、大谷選手はつねに自分がコントロールできる要素に意識を絞りこむことができています。つまり、多くの成功者は、自分でコントロールできないことには見向きもせず、ひたすら自分がコントロールできることだけに全精力を傾注したから、運を引き寄せて凄い成果を挙げることができたのです。

71ページの「安定した感情コントロールチェックシート」を使い、できるだけたくさんの項目にチェックが入るように努めてください。

そうすることにより、あなたも大谷選手のように、どんな状況でも安定した感情コントロールができるようになります。

3

大谷翔平から学ぶ成功メソッド

いま目の前にある仕事を「面白いもの」に変えよう

Section 16 「努力の量」を無心に稼ごう

私たちは、大谷翔平選手がいとも簡単にホームランを打ったり、時速160キロの球をコントロールよく投げこむシーンを見て、「大谷選手には類まれなる野球の才能があるから、あんなことができる」と考えてしまいます。

しかし、彼の凄いパフォーマンスの裏側には、鍛錬の積み重ねがあることを忘れてはいけません。大谷選手は私たちの知らないところで「人生」という貴重な資源を自分の仕事に注ぎこんだからこそ、一流選手の仲間入りができたのです。

もちろん、練習だけでなく本番においても、「量」がものをいいます。このことについて彼はこう語っています。

「数字を残すためにもちろん技術は必要ですけど、それ以上に絶対量が必要じゃないですか。試合数を増やせれば、数字的な伸びも高くなると思っています。バッターとしては相手が左ピッチャーでも出られれば30本のホームランはいけると思いますし、ピッチャーとして25試合に先発できれば、15勝もいけるんじゃないかと思います。15勝して30本打ったら、ほとんどＭＶＰクラスの数字ですけどね（笑）」

＊『Number web 2021年2月13日』

あるいは、大谷選手は、こんなことも語っています。

「選手としては、『全試合出てくれ』といわれたいですすし、ただ登板当日だけは気持ちを作るために休んで、1年間ローテーションを守って、バッターとしては残りの試合に全部出られれば、それが理想です」

＊『Number web 2021年2月13日』

とにかく理屈抜きに量を稼がないことには話にならないのです。「量質転化」は覚えておいてよい言葉です。つまり、「量を稼げば自動的に質は高まる」のです。

ドイツのマックス・プランク研究所のラルフ・クランプ博士が、アマチュアのピアニストとウエスト・ベルリン音楽アカデミーに所属するプロピアニストに、「あなたは現在どれくらいピアノの練習をしていますか?」という質問をしました。

その結果、プロは平均して週33時間も練習していたのに、アマチュアのピアニストは週にたったの3～4時間しか練習していませんでした。両者の練習量は10倍違っていたのです。もうひとつ、興味深い調査結果があります。長年にわたり、アメリカで全国調査が行なわれました。その質問は、「成功するためには、才能と努力のどちらがより重要だと思いますか？」というものです。

結果は、「努力」と答えた人が、「才能」と答えた人の2倍でした。

さらに、調査に協力してくれた人たちに、もうひとつ質問をしました。「あなたが新しい従業員を雇うなら、『知的能力が高い人』と『勤勉な人』のどちらを雇いますか？」というものです。

結果は「勤勉な人」と答えた人が、「知的能力が高い人」の5倍近くにのぼりました。努力することは、いつの時代も大切な資質であることがわかります。

左のページに「やる気を高めるメッセージ」を示します。毎日このメッセージを読み上げてから1日を開始しましょう。

そして、人生という限りある時間を注ぎこんで成果を挙げるために、その日1日を全力をつくして過ごすのです。これこそ、人生を成功に導く最強の方程式です。

やる気を高めるメッセージ

★今日もすばらしい1日にしよう

★私の人生はどんどん良くなっていく

★仕事は順調で楽しい

★毎日が楽しくて仕方がない

★私には幸運の神がついている

★困難な仕事ほど、やりがいがある

★いい仲間、いい友達に恵まれて私は幸せだ

★すべてのことに感謝! 感謝!

★私に不可能なことはない

★仕事ができることに感謝しなければ

★どんなときでも私は笑顔を絶やさない

★どんなときでも私はベストをつくす

★うまくいかないときこそ飛躍のチャンスだ

★節約して健康を維持することに努めよう

★家族がいるから私は頑張れる

★私はなんて幸せ者なんだろう

「やる気」を高める方法!

感謝の言葉、自分の意志を貫く言葉を口ぐせにする

Section 17

「仕事がつまらない」原因を分析しよう

多くの人たちが「大谷選手は『好き』と『得意』な仕事を見つけたのだから、モチベーションが上がるのは当然。でも、ほとんどの仕事はつまらないルーティンワークのくり返し。だからモチベーションなんて上がらない」と不満をこぼします。

「仕事が面白くない」「このままこの仕事をしても成長できない」「この仕事は自分に合っていない」。多くのビジネスパーソンが、このような不満をもちながら、今日も仕事と格闘しています。残念ながら、このような後ろ向きの思考パターンのまま仕事をしても、楽しいわけがないですし、肝心のモチベーションが上がりません。

なかには「家族を養っていくために、嫌な仕事でも我慢してやるしかない」と考え、不承不承仕事をしている人もいるはずです。しかし、そんな思いで仕事に取り組んでいる限り、人生を幸福感に満ちあふれたものにすることなど、到底できません。

もちろん、仕事を通してお金を稼ぐ行為は、生きていくために不可欠なもの。家族があればなおさらです。報酬を稼ぐ手段として仕事が存在するというのも、厳然たる事実です。しかし、それだけなら、仕事は本当につまらないものになってしまいます。「仕事内容の面白さで仕事を選択しているうちは、一流の人間の仲間入りなどできない」と私は考えています。だいたい、プロの仕事で面白い仕事なんかないのです。

大谷選手でいえば、「ただボールを打ったり、ボールを投げたりすること」は、単調で面白くもなんともないでしょう。「成果を挙げなければならない」というプロの仕事にかならずつきまとう要素も加われば、さらに面白くない作業に変わってしまいます。このことにかんして、大谷選手はこう語っています。

「その瞬間が、今日来るかもしれないし、明日来るかもしれない。もしかしたら、ある日突然に何かをつかむ瞬間が現れるかもしれない。だから毎日練習したくなるんです」

＊『道ひらく、海わたる　大谷翔平の素顔』扶桑社

キーワードは「成長」であり、「進化」です。一流の人間の共通点は、「異常とも思えるほど、成長欲や進化欲が強い」こと。たとえまったく面白くない作業でも、それをやりながら「ひらめき」を探ることができたら、それは俄然面白い作業に変わることを知っているのです。この言葉につづけて、大谷選手はこう語っています。

「毎日毎日バットを振るときもそう、投げるときもそうです。もしかして、その瞬間が来るかもしれないと思っていつもワクワクしながら練習に行くんです」

＊『道ひらく、海わたる 大谷翔平の素顔』扶桑社

昨日の自分よりも今日の自分、そして今日の自分よりも明日の自分。ほんのわずかでも、日々成長と進化をつづけることの大切さを知っているからこそ、大谷選手は本気になり、偉大な才能を獲得できたのです。

もっといえば、気の遠くなるような時間をその作業に注ぎこんだからこそ、「かろうじて」偉大な才能を得たのです。この方法に近道はありません。

どんなに面白くない作業でも、やりはじめると気分が乗ってきます。これが「作業興奮」という脳のメカニズム（左ページの図参照）です。「とりあえずやってみよう！」と唱えて行動することです。そうすれば、「側坐核（そくざかく）」という脳の器官が活動をはじめます。これが「やる気スイッチ」の正体です。

私は「日々前進」という言葉が大好きです。つまり、偉大な仕事は、小さいことを積み重ねることにより、ある日突然、成し遂げられるのです。

作業興奮のメカニズム

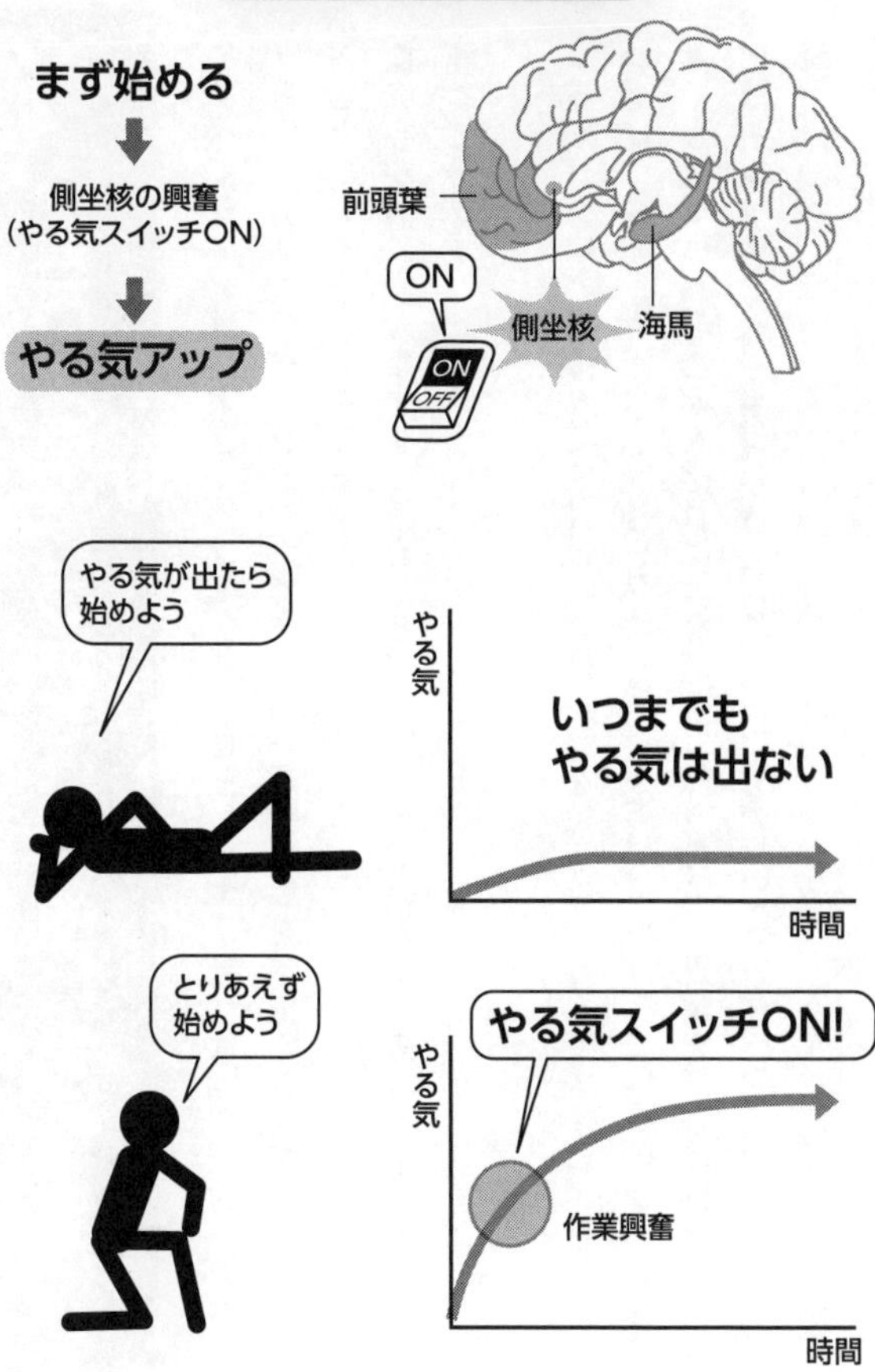

＊『学びを結果に変えるアウトプット大全』樺沢紫苑著
（サンクチュアリ出版）を参考に作成

Section 18 「自己実現」について徹底的に考えよう

モチベーションは、大きく分けて2種類存在します。それは「内発的モチベーション」と「外発的モチベーション」です。大谷翔平選手を本気にさせているのが前者であることはいうまでもありません。

探究心が彼に偉大な才能を与えたと、私は考えています。あるとき、大谷選手はこう語っています。

「正解はないと思うんですけど、人は正解を探しに行くんですよね。正解が欲しいのは、みんなも同じで。『これさえやっておけばいい』というのがあれば楽なんでしょうけど、たぶんそれは『ない』と思うので。正解を探しに行きながら、ピッチングも、バッティングもしていたら楽しいことがいっぱいありますからね」

＊『道ひらく、海わたる 大谷翔平の素顔』扶桑社

仕事を探すとき、「仕事内容が面白いこと」を第一に考える人がいます。しかし、趣味ならともかく、少なくともプロの仕事で内容の面白い仕事なんかないと考えたほうがいいのです。仕事の多くは、日々のルーティンワークのくり返し。大谷選手にしても、ただ単純に数多くのボールを投げて打つ練習は、面白くない作業です。

しかし、「より良いバッティング」や「より速い球を投げるピッチング」をテーマに探究心をもてば、その面白くない作業も俄然面白い作業に変化するのです。探究心にかんして、大谷選手はこうも語っています。

「どうしてできないんだろうと考えることはあっても、これは無理、絶対にできないといった限界を感じたことは一度もありません。今は難しくても、そのうち乗り越えられる、もっともっと良くなるという確信がありましたし、そのための練習は楽しかったです」

＊『タウンワークマガジン　２０１７年10月30日』

この情報化社会では、20世紀には重宝（ちょうほう）された「何でも知っている知識人」は明らかに時代遅れであり、もはやその価値は失われつつあります。「広く、浅く」から「狭く、深く」が、これからの時代のトレンドになることは間違いありません。

そして、探究心同様、大谷選手を本気にさせているもうひとつの内発的モチベーターは、「自己実現の欲求」です。これも探究心同様、自分の底から湧き上がってくる典型的な内発的モチベーターです。

もう半世紀以上も前にアブラハム・H・マズローがうち立てた「5段階欲求説」は、いまもなお健在です。彼は人間のもつ5つの欲求をピラミッドに見立て、階層状に表しました（左ページの図参照）。

下位のほうから「生理的欲求」「安全の欲求」「社会的欲求」「承認欲求」というふうに積み上がっていきます。彼は「下位の欲求が満たされれば、それは自然に消え去り、すぐ上の欲求に移行する」と主張しました。

ピラミッドのうち、下位の4つは「満たされれば自然に消え去る」欠乏欲求です。ただし、一番上の「自己実現の欲求」だけは唯一の存在欲求です。

「なんとしても、生きているうちに最高の自分にめぐり合いたい」という究極の自己実現の欲求こそ、大谷選手にとって、とても魅力的、永続的、かつ安定的なモチベーションになっているはずです。

あなたもぜひ、人生における「自分にとっての自己実現とは何か？」について、自問自答してください。

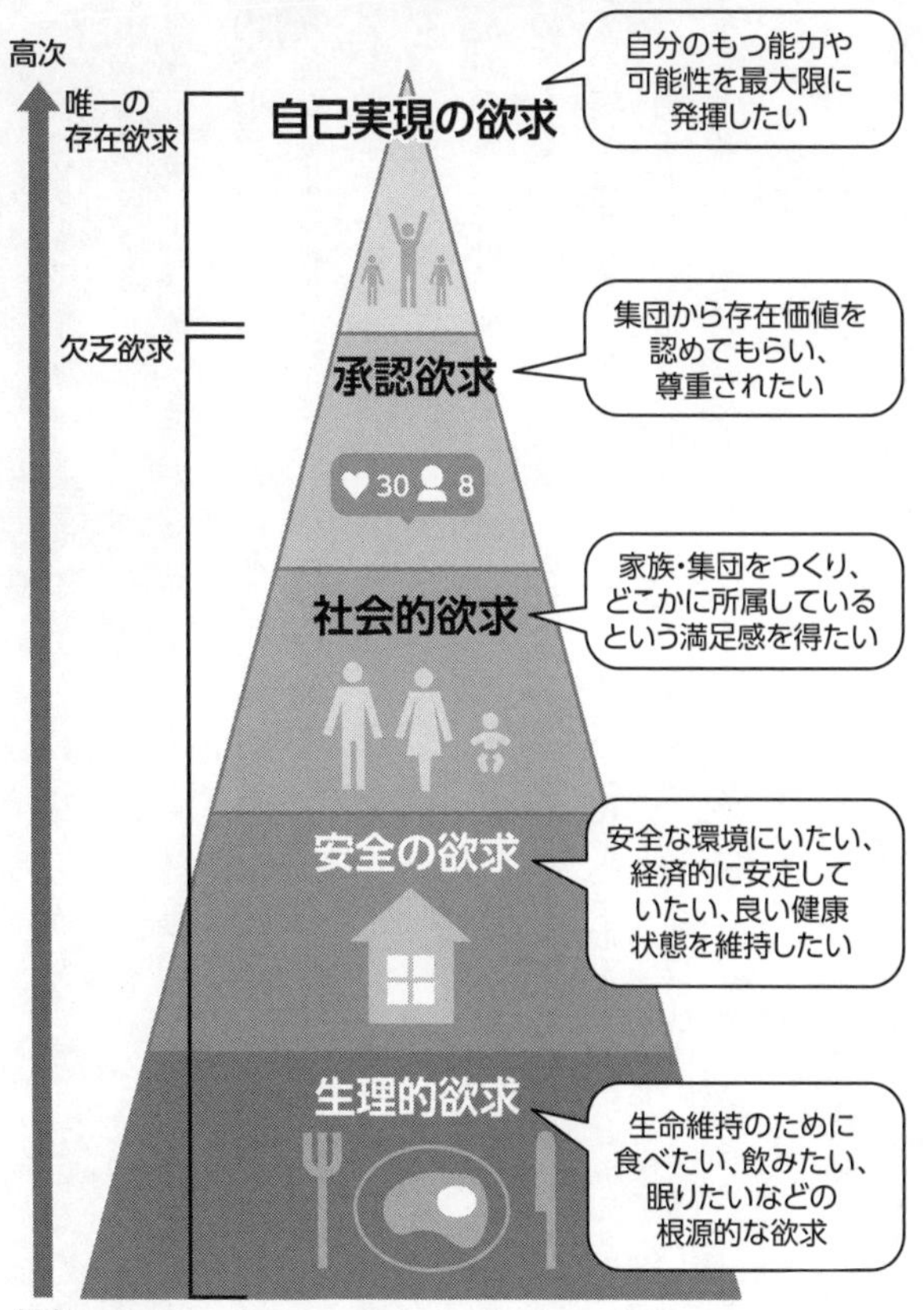

人間の欲求は、より高次なものへと向かっていく

＊『人間性の心理学』A.H.マズロー著（産能大出版部）を参考に作成

Section 19 「外発的モチベーター」を見つけよう

内発的モチベーションの対極にあるのが、「外発的モチベーション」です。つまり、ご褒美を与えられることにより、私たちは素直にやる気を発揮できるのです。

外発的モチベーションには、3つの強力なモチベーター（モチベーションを左右する要素）が存在します。

最初の強力な外発的モチベーターは「金銭報酬」です。しかし、大谷翔平選手が、この強力なモチベーターについて触れている言葉はあまり見当たりません。

大谷選手は2021年シーズンの開幕前に、ロサンゼルス・エンゼルスと2年総額850万ドル（約9億3500万円）で契約延長に合意しました。この契約は2022年シーズン終了まで有効で、2021年の年俸は300万ドル（約3億3000万円）、22年の年俸は550万ドル（約6億500万円）です。

しかし、2021年シーズンの活躍を考えると、エンゼルスが大谷選手と長期契約を結びたいならば、すぐにでも契約を結び直すことが賢明であり、ある専門家は「年俸5000万ドル（約55億円）の5年契約、総額2億5000万ドル（約275億円）が妥当である」と予測しました。

ただし、莫大な報酬を獲得しても、大谷選手にとって「金銭報酬」は、最大のモチベーターになることはありません。

2番目の強力な外発的モチベーター、それは「肩書報酬」です。大谷選手にとっては、レギュラーのポジションにあたります。

組織の最前線において、責任ある立場で活躍する場所を与えられることは、プロフェッショナルにとって他の何ものにも代えがたい、魅力的な外発的モチベーターなのです。

そして、3番目の強力な外発的モチベーターは「裁量報酬」で間違いありません。最近の調査で、若い世代のビジネスパーソンが一番欲しがるのは「裁量報酬」であるという事実が判明しています。

自分の仕事の裁量権をがっちり握る、すなわち責任と権限をもつということ。これも肩書報酬に勝るとも劣らない魅力的な報酬です。

あるとき、大谷選手はこう語っています。

「基本的に僕は何事も人に相談することが好きじゃなくて、人に相談するときは考えて考えて考え抜いた後にするって決めているんです」

＊（ＮＨＫスペシャル『メジャーリーガー大谷翔平 自ら語る 挑戦の1年』２０１８年11月4日放映より）

「なりたい自分」を脳裏に鮮明に描き、それに向かってなりふり構わず突き進む。この単純な成功方程式こそが、大谷選手を偉大なメジャーリーガーに仕立てたのです。

あなたの人生の最高責任者は、あなた自身。このことをくり返し自分自身に言い聞かせましょう。あなたの人生にかかわる裁量権は、１００パーセント、あなたが保持しているのです。

左のページに「やる気究明シート」を示します。定期的にこの用紙に記入し、アップデートすることで、あなたにとっての「最強のやる気要素は何か？」について考える時間を確保してください。

このシートを活用すれば、あなたは自分にとって魅力的な「最強のやる気要素」を発見・駆使して、最高の成果を挙げることができるはずです。

やる気究明シート

記入日　20　　年　　月　　日

やる気を高める要素
1
2
3
4
5
やる気をなくす要素
1
2
3
4
5
今週の「やる気」指数　　　点

「やる気」を高める方法!

一日のなかに、
かならずオフの時間を確保する

Section 20 3種類のモチベーションを理解しよう

大谷翔平選手が2021年シーズンにすごい成績を挙げたことは、彼にたびたび訪れた人生の転機において、みずからが決断したことと無関係ではありません。

「内発的モチベーション」と「外発的モチベーション」とは別に、モチベーションそのものを喚起（かんき）する要素が存在します。それらは「希望系モチベーション」「緊張系モチベーション」、そして「持論（じろん）系モチベーション」です。以下に解説しましょう。

①「希望系モチベーション」（子どもの抱くモチベーション）

「夢」や「目標」を設定して、それを実現しようとするために働くモチベーション。キーワードは「希望」「夢」「目標」「憧れ」「達成感」「ロマン」。

②「緊張系モチベーション」（仕事人の抱くモチベーション）

達成期限を設定し、緊張状態を維持しながら馬鹿力を発揮するために働くモチベーション。キーワードは「緊張」「ハングリー精神」「焦（あせ）り」「締め切り」「未達成感」。

③「持論系モチベーション」（一流人の抱くモチベーション）

自分が決めたやり方によって、それを貫徹するために働くモチベーション。キーワードは「自分が主人公」「裁量権」「マイペース」「反常識」「独創性」「自分スタイル」。

①の希望系モチベーションには好ましいキーワードが並んでいますが、夢や目標を抱くだけでは弱すぎます。目標は「結果目標」と「行動目標」の2種類に分類されます。多くの人たちが「結果目標」に偏りすぎて、「行動目標」をおろそかにします。典型的な結果目標である希望系モチベーションだけでは、前には進めません。

②の緊張系モチベーションは、けっしてバカにできないモチベーションです。仕事における「達成期限」や「締め切り効果」は、私たちに火事場の馬鹿力を発揮させてくれます。学生の方なら、テスト前の一夜漬けがこれにあたります。

そして、③の持論系モチベーションこそ、最強のモチベーションであると私は考えています。これからの時代は、何事も自分で決断し、自信満々の態度と表情を維持しながら、人生を歩むことが求められるからです。それだけでなく、徹底して持論を仕事のなかに吹きこんで、独創的な仕事にしていくことに努めてください。

高校を卒業して、すぐにメジャーに行きたいという大谷選手の強い思いを変えたのが、北海道日本ハムファイターズのドラフト指名でした。そのことを振り返って、大谷選手は以下のように語っています。

「最終的には良い判断ができたと今では思っていますし、今でも野球ができていることを考えたら、あのときの決断はよかったんじゃないかなと思いたい部分があります」

＊『道ひらく、海わたる 大谷翔平の素顔』扶桑社

もちろん決断する際に、彼がご両親と話し合いをしたことはいうまでもありません。

「あれだけ両親と話をしたことは今までなかったと思います。あの時期は、どんなことがあっても忘れないと思いますし、死ぬまで覚えていることだと思います」

＊『道ひらく、海わたる 大谷翔平の素顔』扶桑社

左のページに「成功する人と、そうでない人の行動パターン」を示します。理屈ぬきに「持論系モチベーション」を駆使して、トライしつづける人だけに神は微笑む（ほほえ）のです。

成功する人と、そうでない人の行動パターン

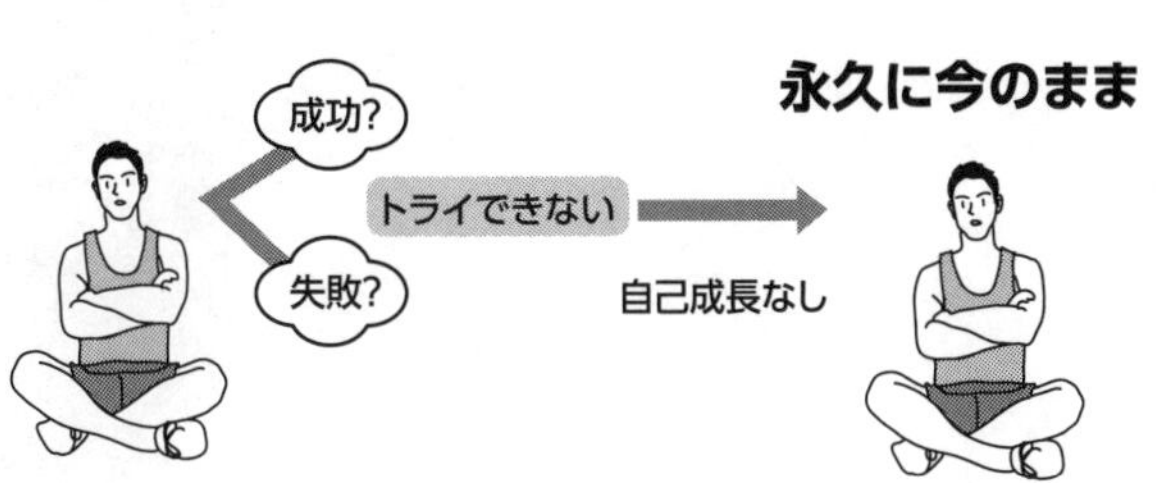

＊『学びを結果に変えるアウトプット大全』樺沢紫苑著（サンクチュアリ出版）を参考に作成

Section 21 「小さな達成感」を毎日味わおう

大谷翔平選手を奮い立たせているもの、それは本書のメインテーマである「好き」と「得意」がキーワードであることはいうまでもないでしょう。

あなたにとっての、自分を奮い立たせてくれる強烈な「内発的モチベーション」は何でしょうか? いますぐ、見つけ出す作業をはじめてください。

学生の方なら「スタディ・モチベーション」、ビジネスパーソンなら「ワーク・モチベーション」が、あなたの夢をかなえるエネルギー源になります。

大谷選手を本気にさせているのは、「もっとうまくなりたい」「もっと良い成績を残したい」という単純なもの。成長欲求や進化欲求は、持続性、安定性において理想的な「内発的モチベーター」といえるでしょう。

あるとき、大谷選手はこう語っています。

「いくつかあるパターンの中で、これがいいのか、あれがいいのかを1日に一つだけ、試していく。一気に二つはやりません。で、これはよかった、こっちはどうだったと、毎回、試していく感じです。それを毎日、iPadに書き留めています」

＊『Number web 2020年5月7日』

いままでできなかったことができた瞬間、脳内にドーパミンという快感ホルモンが多量に分泌(ぶんぴつ)されます。

つまり「達成感」を味わうことにより、さらなる「成長欲求」「進化欲求」が生まれ、それが目の前の作業への没頭モードを生み出しているのです（97ページの図参照）。

人類をこれほどまで劇的に進化させたのは、このふたつの欲求を身につけたことと無関係ではありません。私たちは本来、成長することに貪欲(どんよく)な動物なのです。

何かを成し遂げたという快感は強力なモチベーションになります。この本の最初の項目でも触れていますが、2021年シーズン、大谷選手が達成した記録はメジャー初のオンパレードです。

そして私たちは、どんな仕事に就(つ)いていても、大谷選手が味わった快感を経験することができます。

私は達成したことの大きさよりも、達成頻度(ひんど)を重視します。たとえば、私が心理カウンセラーを務めている多くのプロスポーツ選手には、「大きな達成感を年に数回味わうよりも、小さな達成感を毎日味わいなさい」と、強調しています。

「好き」と「得意」を手がかりにして、仕事のなかでの小さな達成感をつなげていくことにより、私たちは高いレベルのモチベーションを維持することができます。その結果として、夢をかなえたり、大きな成果を挙げることができるようになるのです。

たとえばあなたがアマチュアゴルファーなら、ゴルフ練習場で３００球ボールを打って自分の思いどおりのナイスショットを連発できた——これは立派な「小さな達成感」です。

あるいは、フィットネスクラブで1時間かけて、自分が計画したプログラムに沿ってトレーニングをやり遂げることができた——これもやはり立派な「小さな達成感」なのです。

そして、この小さな達成感を、しっかりと日記に書き残すことが大切です。せっかく達成したにもかかわらず、形に残さないのは、もったいないと思うのです。

結論です。日常生活のなかで、「好き」と「得意」を手がかりにして、小さな達成感を何度も何度も味わいましょう。

それが、あなたの夢を案外簡単に実現させてくれるのです。

ドーパミンと報酬系の関係

ドーパミンと報酬系

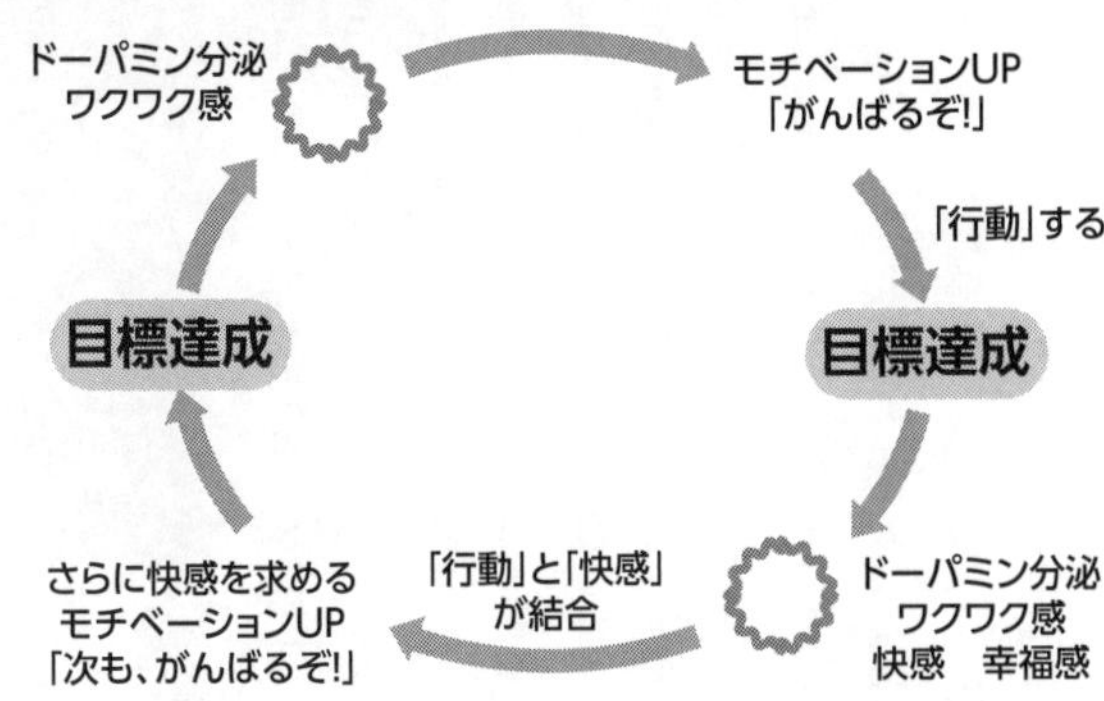

＊『脳を最適化すれば能力は2倍になる』樺沢紫苑著（文響社）を参考に作成

ドーパミンを補給しよう

ドーパミンは、目標達成のガソリン。上手に補給すれば、どこまでも行ける!

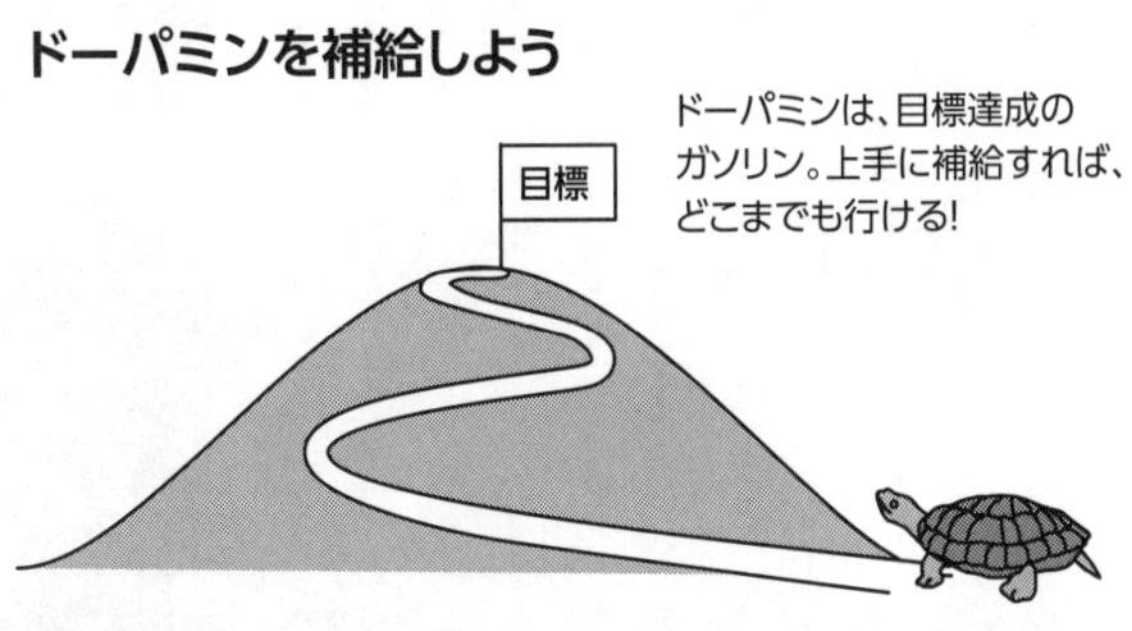

「ちょい難目標」を達成したときのご褒美を決めておこう!

Section 22 「逆境への耐性」を高めよう

「逆境耐性」は、大谷翔平選手をはじめとする一流アスリートの共通点です。順風満帆のとき、一流とそうでないアスリートの違いはあまり見当たりません。ところが、スランプが訪れたり、敗北に見舞われたとき、その差は歴然です。

大谷選手の野球人生は、いっけん順風満帆のように思えますが、じつはそうではありません。この後の項目でも触れますが、２０１８年シーズン後に受けた右肘手術後のリハビリ生活はもちろんのこと、野球を始めたころにも辛酸を味わっている事実を知る必要があります。

大谷選手は小学5年から中学1年までの3年間のうち、はじめの2年間は所属するチームが地区大会で敗れ、全国大会に出場することができませんでした。

しかし、チーム最終年の3年目に花が咲きます。主将として戦った地区大会で見事に優勝を飾り、全国大会でもベスト16に入ったのです。この3年間を振り返って、大谷選手は後年こう語っています。

「悔しい経験がないと嬉しい経験もないということをあの時、知ることが出来ました」

＊『不可能を可能にする 大谷翔平120の思考』ぴあ

逆境から立ち直ったあとに味わう順境との落差が、私たちに大きな喜びをもたらしてくれるのです。失意を味わったり、みじめな敗北を経験することは、かならずしも悪いことではないのです。

米カリフォルニア大学のS・マディ博士は、リストラされた会社員450人の「その後」を調査しました。結果は、じつに3分の2の人たちが心臓疾患、うつ、アルコール依存といった問題を抱えていました。なかにはみずから命を絶った人もいました。

一方で残りの3分の1の人たちは、そのような兆候が見られませんでした。それどころか、彼らはいたって健全な生活を謳歌していたのです。マディ博士は、この3分の1の人たちの共通点を探りました。博士が見つけた共通点は以下のとおりです。

①自分の置かれた立場で最善をつくし、他人を助けようとする気持ちが強い
②「自分には良い結果を導く力がある」と信じている
③難しい問題を解決しようとするチャレンジ精神に満ちあふれている

逆境に過剰反応して挫折するだけか、自分を飛躍させてくれる試練と考えられるか――この違いはあまりにも大きいのです。

もうひとつの逆境耐性を高める要素は、とにかくジッとしていないで行動を起こすことです。米イリノイ大学の心理学教室のニール・リーズ博士は、「した後悔」よりも「しなかった後悔」のほうが、ずっと後悔の度合いが大きく、しかも長く尾を引くことを突きとめています。

勇気を出して行動を起こす。たとえその結果が良くなくても、その行動を手がかりに、行動をくり返せば、かならず最終的には成功にたどり着けるのです。

グズグズ後悔している暇があったら、果敢に行動を起こしましょう。そうすれば、理屈抜きに、行動を起こさない人よりも悩むことが少ないのです。

大谷選手が挫折を味わったときに、へこたれずに頑張れた理由は、彼自身の「自己効力感」がとても強かったからです。「自己効力感」とは、挫折や失敗を味わっても、変わらずに自分の能力を信じられるスキルです。

左のページにR・シュワルツァー博士とM・エルサレム博士が作成した「自己効力

自己効力感チェックシート

以下の項目に対して「はい」なら4、「どちらかというとはい」なら3、「どちらかというといいえ」なら2、「いいえ」なら1を○で囲んでください。

		はい▼			いいえ▼
1	十分に努力すれば、私はいつも難しい問題をなんとか解決できる	4	3	2	1
2	もし反対があっても、私は自分が望むやり方や方法を見つけることができる	4	3	2	1
3	私はきっと自分のゴールを達成すると思う	4	3	2	1
4	予想外のことが起こっても、うまく処理できる自信がある	4	3	2	1
5	私は困難な状況に対処できるので、不測の事態にも対処できる	4	3	2	1
6	必要な努力をすれば、私はほとんどの問題を解決できる	4	3	2	1
7	私はストレス対応力があるので、困難な状況に直面しても落ち着いていられる	4	3	2	1
8	問題に直面したとき、私はいくつかの解決策を考えることができる	4	3	2	1
9	トラブルに巻きこまれたときでも、私はよい解決策を考えることができる	4	3	2	1
10	何が起きても、私は状況を統御することができる	4	3	2	1
	小計	(　)	(　)	(　)	(　)

合計（　　　）点

今の自分の自己効力感を把握することはとても大切。もし得点が低いようであれば、とくに意識して自己効力感を高めることに努めよう

感チェックシート」を示します。この用紙を活用して、いまのあなたの自己効力感のレベルをチェックしてください。そして182ページの評価表で評価してください。

大谷選手のように、逆境に見舞われても好ましい未来を信じ、「好き」と「得意」を武器にして、置かれた状況でベストをつくす。これは覚えておきたい知識です。

4

大谷翔平から学ぶ成功メソッド

ポジティブ思考を貫いて「強運」を引き寄せよう

Section 23 ネガティブな出来事からポジティブ要素を見出そう

私たちの人生には良いことも悪いことも起こります。良いことが起こったとき、それはあなたが自信を深める大きなチャンスです。そして、良くないことが起こったとき、それはあなたが飛躍するチャンスです。

ところが、良くないことが起こったとき、多くの人がそのことに過剰反応し、そこからただ脱出しようとします。しかし、それでは得るものは何もありません。

一方、大谷翔平選手のようなひと握りの成功者は、じっくりその状況に腰を落ち着けて、平常心でその打開策を練ります。

大谷選手のこれまでのキャリアを振り返ってみると、たび重なるアクシデントが彼に試練を与えていることがわかります。

その典型例は２０１８年シーズン終了後に行なったトミー・ジョン手術でしょう。

2018年9月25日、エンゼルスは、大谷選手がシーズン終了後の10月第1週に右肘内側側副靱帯の再建術（トミー・ジョン手術）を受けることを発表しました。

これにより、二刀流の復活は手術から18か月後の2020年シーズン以降になりました。手術前の葛藤を振り返りながら、大谷選手はこう語っています。

「やらないという方向も含めて、いろんなプランを提案してもらって、最終的には自分で決めました。もちろん残念な気持ちはありますけど、普通なら1年と、半年は試合に出ることが出来ないので、その中で、まだ貢献できるもの（打者）があるということは、むしろプラスかなとは思っている。なんとかそこでチームに貢献できるように、また頑張っていきたい」

＊『日刊スポーツ 2018年9月26日』

投手として復帰した2020年シーズン、コロナ禍によるシーズン短縮もあり、大谷選手はわずか2試合、1イニングと3分の2しか投げることはありませんでした。彼にとっては、投手として悔いの残るシーズンだったことは間違いありません。

大谷選手も含めて、私たちの人生は良いことだけで構成されているわけではありません。むしろ良くないことのほうが多いのです。良いことが起こったら喜び、良くないことが起こったら落胆する……自分の身の上に次々に起こる出来事に過剰反応して一喜一憂(いっきいちゆう)しているだけでは、進化はありません。

良くないことのなかには、私たちを飛躍に結びつけるヒントがかならず潜(ひそ)んでいます。2018年シーズン後の雑誌のインタビューで、「18年シーズン後半にじん帯に傷がありながら、打撃に支障がなかったか?」という質問に答えて、大谷選手はこう語っています。

「はい。まったく問題なかったですから。右ヒジに違和感がなく打撃ができていたので、不安はないです。それよりも手術したことで、もっといい状態になって打席に入れると思っているので楽しみしかないです」

*『週刊ベースボール2018年12月24日号』

この言葉から、大谷選手は良くない出来事のなかに潜むポジティブな面を探し出す天才であることがわかります。左のページに「好ましくないセルフトークと好ましいセルフトークのリスト」を示します。ふだんから好ましいセルフトークをつぶやく習慣を身につけることにより、あなたにどんどん良い知らせが飛びこむのです。

好ましくないセルフトークと好ましいセルフトークのリスト

好ましくないセルフトーク
①資格試験に落ちてしまった。もう立ち直れない ②仕事のことで上司と言い争いをしてしまった。この部署にいづらい ③このごろ仕事が面白くない。私はこの仕事に向いていない ④セールスが破談になってこっぴどく叱られた。これで昇進できなくなる ⑤今後の仕事の進め方のプレゼンをしたが、却下されて落ちこんでしまった ⑥子どもの育て方で妻と喧嘩してしまった。彼女は当分、口を聞いてくれそうにない

好ましくないセルフトークは、自分で自分に「呪い」をかけるようなもの

好ましいセルフトーク
①資格試験に落ちた原因を分析して次回の試験に備えよう ②明日、素直に謝って、上司の意向を反映させる仕事をしよう ③結果がかんばしくなかったから落ちこんだだけ。成果を上げることに全力投球しよう ④セールスがうまくいかなかった理由をしっかり分析して、再チャレンジしよう ⑤プレゼンの内容を分析して、仕事の進め方を改善しよう ⑥妻の意見を精いっぱい取り入れて、仲直りしよう

好ましいセルフトークは、筆者が実際に行なっているアスリートへの指導結果からも、明らかに気分を前向きにしてくれる

Section 24 自己暗示をくり返して「欲しいもの」を手に入れよう

高校時代を振り返って、大谷選手はこう語っています。

「できないと決めつけるのは、自分的には嫌でした。ピッチャーができない、バッターができないと考えるのも本当に嫌だった。１６０㎞を目標にしたときも、できないと思ったら終わりだと思って、３年間、やってきました。最後に、１６０㎞を投げられたのは自信になっていると思います」

＊『大谷翔平 野球翔年Ⅰ日本編２０１３-２０１８』文藝春秋

「夢がかなわない」と嘆く人たちの決定的な問題点は、夢を実現する欲望の欠如です。「アファメーション」を自分に唱えつづければ、抱いた夢はかなうのです。アファメーションの日本語訳はさまざまですが、私は「確信暗示」と名づけています。

残念ながら、学校でも、職場でも、このアファメーションがもつ力について教えてくれることはあまりありません。大谷選手は「160キロのボールを投げる！」というアファメーションのパワーを信じて努力を積み重ねたから、目標を達成することができたのです。2016年6月5日の東京ドームでの試合で、日本最速を更新する163㎞を記録したことを振り返って大谷選手はこう語っています。

「（163㎞については）目標を一つクリアするという意味において、いい経験をしたかなと思っています。目標を達成する嬉しさや目標を掲げたときのワクワク感を思い出すことができますからね。そういう一つの経験は、自分の中に積み重なっていくものだと思います」

＊『大谷翔平 野球翔年Ⅰ日本編2013-2018』文藝春秋

大谷選手の脳裏には、一年365日、つねに「160キロ」という数字がこびりついていたはずです。「くり返しの効果」を侮ってはいけません。目標を意識する頻度が高くなればなるほど、その目標が実現する確率は高くなります。

脳裏に刻みこむことが、目標を実現するための必須の要素です。ただ唱えるだけでなく、「ひんぱんに見て」「ひんぱんに読み上げて」「ひんぱんに書き留める」ことが、夢の実現を後押ししてくれます。願望を確信に変えるためには、この「くり返しの法則」を忠実に守ることです。アファメーションは、「自分との対話」でもあり、著名な啓蒙家(けいもうか)スティーブ・チャンドラーはこう語っています。

「たいていの人は、自分自身に質問などしない。自分の声を聞くかわりに、ラジオを聴いたり、テレビを見たり、噂話をしたりして、他人の言葉や思考で自分の頭を埋めている。しかし、他人の言葉ばかり聞きながら、自分を変えるのは不可能だ。自分を変えるには、自分自身と会話し、自分で自分を説得しなければならない」

＊『自分を変える89の方法』ディスカヴァー・トゥエンティワン

以下のようなメッセージを自分に問いかけて対話しましょう。

「自分の人生をもっと充実させるには、何が手に入ればよいか？」

「達成したくて達成していない最大の夢は何だろう？」

「自分の人生を実りのあるものに変える最大の武器は何だろう？」

左のページに「目標設定シート」を示します。なお、大谷選手がつけていた「マンダラチャート」（目標を書き示したシート）は小著『すごすぎる小さな習慣』（三笠書房）に収録していますので、ぜひ参考にしてください。

目標設定シート

20　　年　　月　　週

目標宣言

私は何としても＿＿＿年＿＿月＿＿日までに

＿＿＿＿＿＿＿＿＿＿＿＿＿＿＿＿＿＿を実現する

今週の行動

今週の行動	達成度
1	%
2	%
3	%
4	%
5	%
6	%
7	%

今週の採点（100点満点）＿＿＿＿点

Section 25
「失敗」を思いきって楽しもう

大谷翔平選手は、みずからの困難な状況をあえて楽しんでいるのです。彼には試練が何度も襲いましたが、落胆（らくたん）することなくその試練をバネにして飛躍してきました。その典型例は、高校2年生の夏、岩手県大会の直前に左足の骨端線（こったんせん）損傷のケガを負ったことでしょう。開脚（かいきゃく）することもままならないほどの重傷でした。ケガ以降、大谷選手はその年の公式試合で打者としての出場はあったものの、マウンドに登ることはできませんでした。その時期を振り返って、大谷選手はこう語っています。

「その時期は辛いと思ったことはありませんでしたが、やるべきことは多かったですね。センバツ出場の可能性もあったので、それまでにはしっかりと良い状態でプレイできるようにしたいと思って冬を過ごしました」

＊『道ひらく、海わたる 大谷翔平の素顔』扶桑社

じつは、このケガが二刀流のきっかけとなりました。その冬のオフシーズン、大谷選手はピッチングができなかったため、バッティングに精を出します。つまり、このケガがなかったらバッティングの練習に時間を費やすこともなかったし、まして二刀流がこの世に出ることもなかったのです。

このことについて、花巻東高校の佐々木洋監督は以下のように語っています。

「本人の野球人生において、あそこで怪我をしたことがその後の未来を変えたといってもいいかもしれません。ピッチャーを意識する中で、２０１２年のセンバツ大会前のバッティングを見たときは、『こんなに打球が飛ぶのか』と思うぐらい、果てしなくボールを飛ばしていた。あの期間の練習というのは『バッター・大谷翔平』の基礎をつくるには大事な時期だったと思います」

＊『道ひらく、海わたる 大谷翔平の素顔』扶桑社

うまくいったとき、ひと握りの成功者とその他大勢に、違いはあまり見出せません。不運に見舞われたとき、両者に決定的な違いが生まれます。つまり、失敗のとらえ方

が決定的に両者を隔てるのです。不運に見舞われたとき、成功者は置かれた状況をありのまま受けとめ、そのときできることをきっちりと行なえます。

一方、その他大勢の人たちは、ちょっとした失敗で簡単に挫折してしまい、行動することをやめてしまいます。著名な啓蒙家ナポレオン・ヒルはこう語っています。

「すべてのネガティブな出来事は、それと同等か、それ以上に大きな幸運の種を含んでいるものだ」

成功者は、良くないことが起こっても、「これは神の試練だ！　この逆境を乗り越えることにより、私は成長できる！」と、前向きに考えることができます。結果的にそこから成長のヒントをつかみとり、それを実力にしてしまうのです。

もちろん、大谷選手のような一流の人間でも、良くないことが起こったら不安を抱くでしょう。しかし、人生全体を俯瞰したとき、その不安は取るに足らない、たいしたことのないものであると認識することができるのです。

左のページに「メンタルタフネスチェックシート」を示します。このテスト用紙で、定期的にメンタルタフネスのレベルをチェックしてください。

メンタルタフネスチェックシート

以下の項目について、自分に当てはまるものに○、当てはまらないものには×をつけてください。

1（　）職場で感情を害する出来事があっても、平然とした態度をとることができる
2（　）困難な仕事でもパニックになることはほとんどない
3（　）仕事でうまくいかないときでも投げ出すことはない
4（　）良くないことがあっても立ち直りが早い
5（　）私は粘り強い性格である
6（　）私は飛びきりの楽観主義者である
7（　）つねに規則正しい生活をしている
8（　）仕事だけでなく、遊びでも全力投球している
9（　）ふだんからエネルギッシュに行動することを心がけている
10（　）少々のストレスがかかっても平気である
11（　）風邪やインフルエンザにはあまりかからない
12（　）つねに自信満々である
13（　）あまり人見知りしないので、初対面の人とも気軽に話すことができる
14（　）自分はユーモアのセンスがあると思う
15（　）心身をつねにベストな状態に維持することを心がけている

まずは自分のメンタルタフネスのレベルがどれくらいかを客観的に知ることが重要。もし、そのレベルが低いことがわかったら、テストの項目で「○」をつけられるような行動パターンを身につけよう　（評価表は182ページに）

1　打たれ弱い人は、打たれ強い人にくらべて1.26倍、抑うつ感に悩む
2　打たれ弱い人は、打たれ強い人にくらべて1.6倍、不安障害に悩む
3　打たれ弱い人は、打たれ強い人にくらべて1.32倍、たばこ依存になりやすい
4　打たれ弱い人は、打たれ強い人にくらべて1.32倍、罪を犯しやすい
5　打たれ弱い人は、打たれ強い人にくらべて1.45倍、無職でいつづける

Section 26 どんな逆境でも楽観主義者でいよう

大谷翔平選手はとびきりの楽観主義者です。同じ力量をもったバッターでも、「三振に打ち取られるかもしれない」と不安を抱えてバッターボックスに入る打者と、「かならずヒットにしてみせる」とファイトを燃やす打者を比較したとき、どちらの打者のほうがヒットを打つ確率が高いかは、改めていうまでもないでしょう。

多くの人が楽観主義と悲観主義の定義を誤解しています。楽観主義者とは「良くない出来事が起こっても精神的に悩まない人」とか、「悪い状況をうまく切り抜ける人」という解釈がなされていますが、もっと大切なことが案外知られていないのです。

じつは、楽観主義者とは「どんな状況でも、それをありのままに受けとめて、ピンチの状況でも平常心を維持してその解決に全力をつくす人」のことをいうのです。

高校2年生の夏に負ったケガにより翌年の春まで投げられなくなったときにも、大谷選手は挫折しませんでした。そのことについて佐々木洋監督はこう語っています。

「骨端線を損傷していましたので、その時期はとにかく睡眠が大事だということで早めに練習を終わらせて睡眠を多くとらせました。（中略）あの時期にゆっくりと休んで、しっかりと体ができたからこそ、体の大きな変化は160キロと無関係ではなかったかもしれないと思っています」

＊『道ひらく、海わたる 大谷翔平の素顔』扶桑社

徹底したポジティブ思考の持ち主であった佐々木監督のもとで、リハビリに努める（つと）ことができた大谷選手は幸運でした。良くない状況からポジティブな要因を探り出して自分自身を叱咤（しった）激励できる。これこそ、楽観主義者の共通点なのです。

楽観主義者と悲観主義者とでは、同じ対象物を見ても、そのとらえ方が根本的に違います。たとえば、同じドーナツを見ても、楽観主義者はドーナツ本体の部分を見ますが、悲観主義者は、真ん中の空洞にしか視点が定まらないのです。そして、「ここには何もない！」と叫んで悲嘆（ひたん）に暮れるのです。

つまり状況の悪さが両者を隔てているのではなく、状況のとらえ方の決定的な違いが明暗を分けているのです。

とらえ方が両者を分ける以上、その気になれば、案外簡単に悲観主義者から楽観主義者に変身できるのです。そのためには、努めて良くない表現を好ましい言葉に書き換えるテクニックを身につけてください。

自分に良いことが起こると期待する人ほど「運の良い人」になるというデータがあります。「運」にかんする研究で名高いリチャード・ワイズマン博士は、「幸運のスコアテスト」で、４つの質問をしています。

左のページに示す４つの質問に答えて、「まったく当てはまらない（1点）」から、まったく当てはまる（5点）」までの点数を回答欄に記入してください。そして、左のページの下のグラフと見くらべて、自分が「運のいい人」「中間の人」「運の悪い人」のどれなのかをチェックしてみましょう。

不安の原因を冷静に探ってその解決策を見出すだけでなく、良くない事実が起こったとき、のちに「あの出来事は自分にとってプラスになった！」といえるように、その時々でベストをつくす。そうすれば、あなたも成功者の仲間入りができるのです。

幸運のスコアテスト

下記の4つの質問に「まったく当てはまらない（1点）」から「まったく当てはまる」（5点）まで程度に応じて1〜5の数字を□の中に記入して、その合計を4で割って平均点を出してください。

	答え
Q1 自分に起こったことは何でも、いいほうに考えようとする	□
Q2 悪い出来事も、長い目で見ればプラスになると信じている	□
Q3 うまくいかなかったことも、あまりくよくよ考えない	□
Q4 自分の失敗から学ぼうとする	□

平均点 ＿＿＿＿＿＿

それぞれの項目の点数を比較して、自分が「運のいい人」か、「中間の人」か、「運の悪い人」かを判断してください。

「幸運のスコア」の平均点数

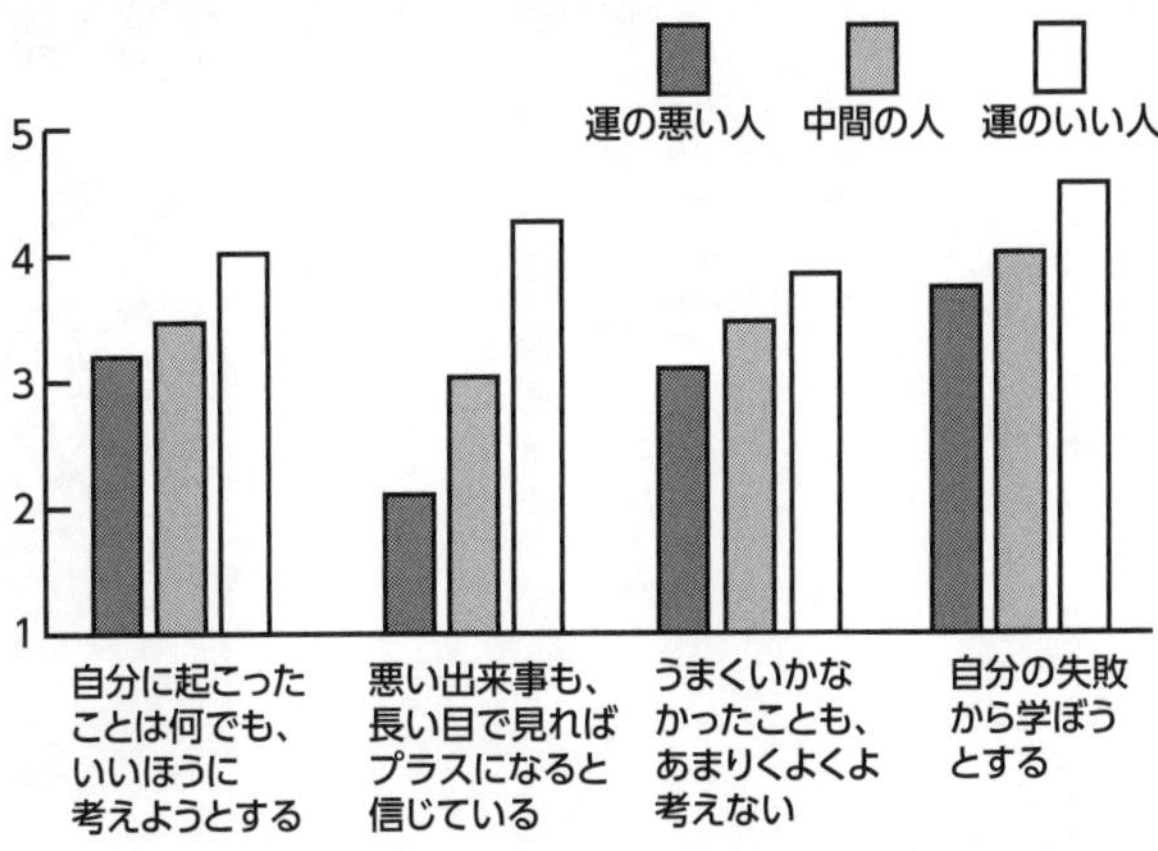

＊『運のいい人の法則』リチャード・ワイズマン著（角川文庫）より引用

Section 27 「最善主義者」の仲間入りをしよう

心理学では、人間を2種類に分類します。それは、「完璧主義者」と「最善主義者」です。あるとき、大谷翔平選手はこう語っています。

「実戦での答え合わせはできませんけど、練習の中での答え合わせはできますし、こういう感覚でよくなかったこと、よかったことが毎日、出てくるんです。今日もありましたよ。それを明日どうやってみようかなっていうのが何個か出てきて、それを次の日に試して、という繰り返しです。そうやって、ちょっとずつ伸びてくるんじゃないかと思います」

『Number web 2020年5月7日』

この言葉からも、大谷選手が「最善主義者」であることは明らかです。完璧主義者は何事も完璧でなければ許せないわけですから、つねにストレスを抱えています。それだけでなく、完璧主義に陥る（おちい）と、とたんに仕事が面白くなくなります。

仕事というものは、いくらがんばっても完璧に仕上げることなど不可能です。ところが、完璧主義者は「仕事が完璧でなければ、完了したとは認めない」という意識をもっています。95パーセント完成している作業も不完全とみなし、残りの5パーセントを完璧にしようとして多大な時間を消費してしまいます。これではいくら時間があっても足りません。

一方、最善主義の人たちは、「80パーセントできあがったら、よし」と考えることができます。彼らは時間感覚にとても敏感です。そのため、多くの事柄(ことがら)をテキパキ解決していく能力が備(そな)わっているのです。

失敗耐性においても、最善主義者は立ち直りが早いのです。最善主義者は、たとえ失敗しても、モチベーションを落とさず、最善をつくすことに全力を注ぎます。一方、完璧主義者は結果にこだわります。結果に少しでも満足できないと、不機嫌になってストレスを抱えこんでしまいます。

心に余裕がないから、もてる力を十分に発揮できないのです。北海道日本ハムファイターズ時代に大谷選手はこう語っています。

「まずは自分のスタイルで、自分のベストのボールを、どのバッターにも投げられれば打たれないというふうに考えることが大事ですよね。相手の実力を知ったうえで、自分のことも理解しながら投げる。そうすれば自分のベストが出てくるんじゃないかと期待はしています」

＊『大谷翔平 野球翔年I 日本編2013-2018』文藝春秋

左のページで「完璧主義者」と「最善主義者」の思考の違いを比較してみました。

完璧主義者は自分だけでなく、他人にも厳しく接します。ミスをしたり、結果がかんばしくないとき、自分を責めるだけでなく、周囲の人たちにも厳しく接します。

一方、最善主義者は何事にも寛大(かんだい)であり、広い心をもっています。自分の行動にミスや失敗がともなうことも想定内なので、一喜一憂することはありません。

左のページの下に「完璧主義者」と「最善主義者」の「成功までの道のりの予測の違い」を示します。「完璧主義者」は最短距離で目的に到達することしか頭にありません。だから、ちょっとした想定外のことが起こると、とたんにうろたえます。一方、「最善主義者」は山あり、谷あり、紆余曲折(うよきょくせつ)があることをつねに想定しているため、不測の事態が起こっても余裕をもって対処できるのです。

「完璧主義者」と「最善主義者」の思考パターンの違い

完璧主義者	最善主義者
目標までの道は直線	目標までの道は不規則な螺旋（らせん）
失敗を恐れる	失敗はフィードバック
目標だけが大事	目標もそこへの過程も大事
“すべてか無か”の思考法	微妙な差異や複雑さも大事にする思考法
自分を防御	忠告やアドバイスを受け入れる
あら探し屋	よいこと探し屋
厳しい	寛大
硬直、静的	融通が利く、動的

成功までの道のりの予測の違い

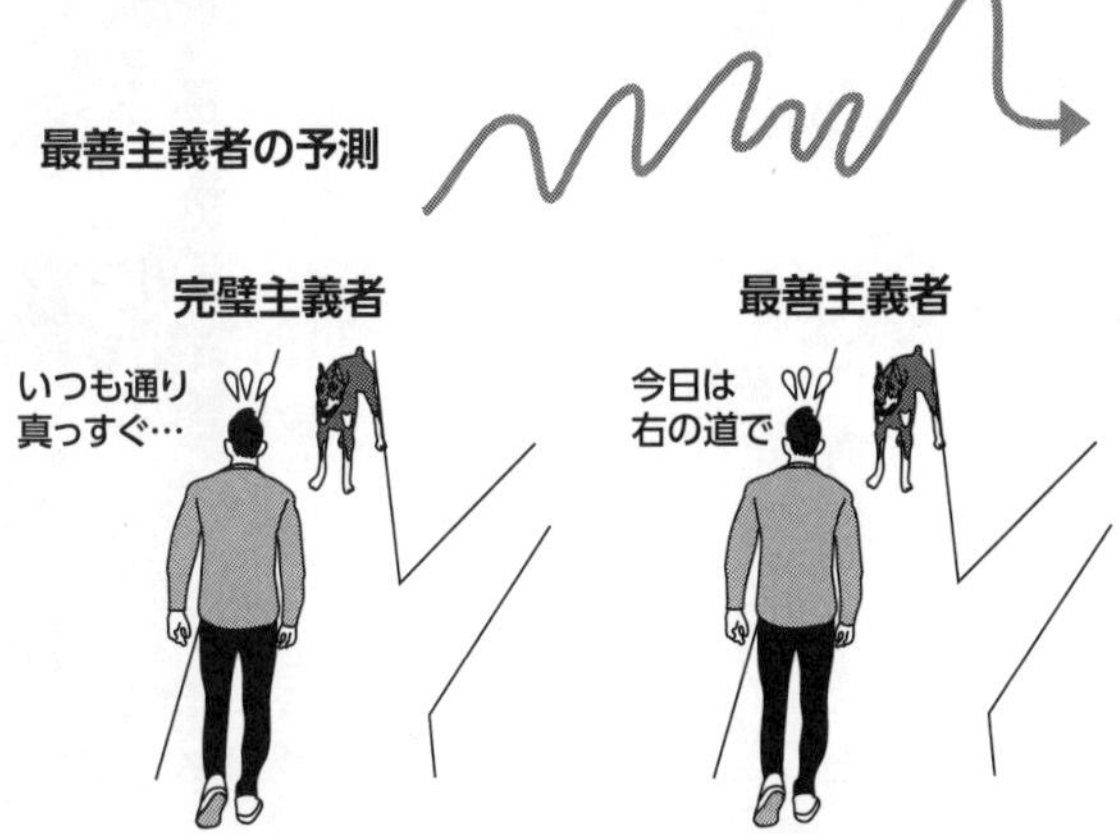

＊『最善主義が道を拓く』タル・ベン・シャハー著（幸福の科学出版）より引用

Section 28 真の「ポジティブ思考」を理解しよう

近年、「ポジティブ心理学」が脚光を浴びています。しかし、あまりポジティブな思考に偏り過ぎることも危険であると、私は考えています。

2020年、雑誌のインタビューで、「ピンチのときに気持ちをポジティブにもっていく術」について聞かれて、大谷翔平選手はこう語っています。

「そこはポジティブに考えようとは思っていない、ということですね。何事もバランスかなと思っているので、いいこともあれば悪いこともある。意識的にいいことを考えるのは大事かなと思いますけど、常にポジティブでいようとは思っていません」

＊『Number 2020年5月21日号』文藝春秋

「事実や状況をありのままに受け入れて最善をつくす」ことが、大谷選手の凄いパフォーマンスを発揮するエネルギー源なのです。著名な心理学者であるノースカロライナ大学のバーバラ・フレドリクソン教授は、自著で「ポジティブ思考」について、こう語っています。

「そもそも、ポジティビティ（ポジティブであること）とは、何でしょう。ポジティビティは『笑顔で耐えよう』とか『心配するのはやめよう。いつも機嫌よくしていよう』などというモットーのようなものではありません。そんなものは単なる表面的な理想です。ポジティビティは人間心理のもっと深い所を流れるもので、感謝、愛情、楽しみ、喜び、希望、感動など、幅広い感情を含んでいます」

＊『ポジティブな人だけがうまくいく3：1の法則』日本実業出版社

この世の中は、良いことよりも良くないことで満ちあふれています。事実、マスメディアで報じられるのは圧倒的に良くない出来事です。

しかし、そのなかから良いことに意識を向けてポジティブな気持ちで心を満たすのは、とても大事なことです。

なぜなら、ポジティブな気持ちをもてば「気分がいい」からです。気分がいいという精神状態は好ましい結果を生み出します。スポーツの世界でも、この「ムード」で結果は大きく左右されます。

前にも述べたとおり、私は現在、6名のプロゴルファーのメンタルカウンセラーを務めていますが、彼らに対して口グセのようにくり返しているアドバイスがあります。それは「トーナメントで、気分良くプレーをしなさい。そうすれば良いスコアでラウンドできる確率が高くなる」というものです。

スポーツでは「ムード」に勝負の行方が支配されます。大谷選手も、ムード良くバッターボックスに入ればホームランを打つ確率が高くなり、ムード良くマウンドに立てば、勝利投手になる確率が高くなるのです。

ただし、心のなかをつねにポジティブな感情で満たすことが理想かというと、じつはそうでもないのです。フレドリクソン博士は、このことにも言及しています。

「目標はネガティビティを減らすことであって、なくすことではないということです。時にネガティブな感情を持つのは当然で、それが有益な場合もあります。たとえば、大切な人を失ったときの嘆き、不正と闘うための怒り、自分や子どもに害が及ぶかもしれないときの恐怖、などは正しいネガティビティであり、有益です」

＊『ポジティブな人だけがうまくいく3：1の法則』日本実業出版社

ポジティビティ比の自己診断テスト

1週間を振り返って、それぞれの感情を最も強く感じたときの度合いを「0〜4」の数字で答えてください。

0=まったく感じなかった　1=少し感じた　2=中くらいに感じた
3=かなり感じた　4=非常に強く感じた

	項目	回答
①	面白い、愉快、バカげていておかしい、と最も感じたこと	0 1 2 3 4
②	怒り、いらだち、不快、を最も感じたこと	0 1 2 3 4
③	恥辱、屈辱、不面目、を最も感じたこと	0 1 2 3 4
④	畏敬、脅威、驚嘆、を最も感じたこと	0 1 2 3 4
⑤	軽蔑、さげすみ、見下す気持ち、を最も感じたこと	0 1 2 3 4
⑥	嫌悪、嫌気、強い不快感、を最も感じたこと	0 1 2 3 4
⑦	最も恥ずかしかった、人目が気になった、赤面したこと	0 1 2 3 4
⑧	感謝、ありがたい気持ち、うれしい気持ち、を最も感じたこと	0 1 2 3 4
⑨	罪の意識、後悔、自責の念、を最も感じたこと	0 1 2 3 4
⑩	憎しみ、不信、疑惑、を最も感じたこと	0 1 2 3 4
⑪	希望、楽観、勇気、を最も感じたこと	0 1 2 3 4
⑫	最も鼓舞され、高揚感を覚え、元気づけられたこと	0 1 2 3 4
⑬	興味、強い関心、好奇心、を最も感じたこと	0 1 2 3 4
⑭	うれしさ、喜び、幸せ、を最も感じたこと	0 1 2 3 4
⑮	愛情、親しみ、信頼を最も感じたこと	0 1 2 3 4
⑯	誇り、自信、自分への信頼、を最も感じたこと	0 1 2 3 4
⑰	悲しみ、落胆、不幸、を最も感じたこと	0 1 2 3 4
⑱	おびえ、恐怖、恐れ、を最も感じたこと	0 1 2 3 4
⑲	安らぎ、満足、平穏、を最も感じたこと	0 1 2 3 4
⑳	ストレス、緊張、重圧感、を最も感じたこと	0 1 2 3 4

『ポジティブな人だけがうまくいく3:1の法則』バーバラ・フレドリクソン著（日本実業出版社）より引用

たとえ、ネガティビティが多くても、それ以上にポジティビティが多ければバランスがとれる。どうしてもネガティビティが増えるのであれば、ポジティビティを増やすように努めようフレドリクソン博士は、「ポジティビティとネガティビティの比率が3：1のときに、私たちの気分は最高潮になる」と結論づけています。つまり、この黄金比率で過ごせば、私たちはもっとも気分良く人生を送れるというのです。

127ページに、彼女が開発した「ポジティビティ比の自己診断テスト」を示します。ぜひ、現状の自分を採点し、182ページの評価表で評価してみてください。あなたの心理面の傾向が手にとるようにわかるはずです。

5

大谷翔平から学ぶ成功メソッド

徹底して自分と向き合い「本物の自信」を引き出そう

Section 29 あらゆる先入観を取り払おう

高校時代、大谷翔平選手がもっともこだわったことのひとつは、「自分が投げる球速」でしょう。花巻東（はなまきひがし）高校野球部の佐々木洋（ひろし）監督は、大谷選手の球速が150キロにも満（み）たないときから、くり返し「球速160キロ」をめざすことを彼に指示していたといいます。佐々木監督はこう語っています。

「たとえば160キロの球を投げるというイメージがそもそもなければ、絶対にそこまでたどり着かないものだと思っています。できると思うから、そのために頑張る。途中で蓋（ふた）をしたり限界を作ってしまっては自分の可能性を伸ばせないと思います」

*『道ひらく、海わたる 大谷翔平の素顔』扶桑社

高校3年生のとき、大谷選手は「先入観は可能を不可能にする」という言葉を佐々木監督から教わります。あの伝説のボクサー、モハメド・アリが語った言葉です。そ

のときのことを思い出しながら、大谷選手はこう語っています。

「高校の監督にミーティングで教えてもらった言葉です。150㎞を投げたかったんですけど、160㎞を目標にしようといわれて、最初は無理なんじゃないかと思いました。でも、やっていくうちに手応えを感じるようになってきて、そのうちできるんじゃないかなと思うようになった。自分で無理だと思ってたらできなかったと思います。だから、最初からできないと決めつけるのはやめようと思いました」

＊『大谷翔平 野球翔年Ⅰ 日本編2013-2018』文藝春秋

多くの人々が先入観にとらわれて、間違った行動を選択します。私がメンタル面でバックアップしているプロゴルファーには、口を酸っぱくして、「周囲の人たちの意見やSNSに流れている情報を安易に信じてしまうと、先入観が生まれて、それが君の夢の実現を阻んでしまう。だから、何事も自分の頭で考えるクセをつけなさい」とアドバイスをしています。

巷に流れる情報を疑ってみる。それだけでなく、自分の頭で考えるクセをつける。それだけで、先入観にとらわれることが少なくなります。

一流アスリートは「信念」にしたがって行動します。大谷選手は周囲の人たちの意見にもしっかりと耳を傾け、自分のマインドに落としこんだうえで、最終的には自分の未来への行程を自分で決めているのです。

そして何より、「誰もあなたを助けない」という覚悟をもつことです。この言葉には、ちょっと恐ろしい響きがあります。しかし結局、あなたのことはあなた自身が一番知っているわけですから、あなた自身で決めなければならないのです。

この覚悟をもつことで、心のなかに本物の「信念」が育っていくのです。誰も助けにこないというのは、あなたにすでに十分な力があることの証しでもあるのです。

あなたは着実に成長できます。あなたはもっと強くなれます。そして、自分の力で幸福を獲得することができるのです。すべて「信念」がそうさせるのです。

「自分を幸せにしてくれるものは何か？」について真剣に考えましょう。

ポジティブ心理学の権威、ミシガン大学のクリストファー・ピーターソン博士は「幸せチェックシート」を開発して注目されました。そのシートを左のページに示します。点数を出し、183ページの評価表で評価してみてください。

幸せチェックシート

以下の項目に対して、自分の考えが当てはまっているかどうかについて1〜5の数字で回答してください。

とてもよく当てはまる：5　よく当てはまる：4　少し当てはまる：3
あまり当てはまらない：2　まったく当てはまらない：1

①（　）自分の人生にはもっと高い目標がある
②（　）人生は短いので、楽しみを先延ばしにすることなどできない
③（　）自分のスキルや能力が試されるような状況を探し求めている
④（　）自分がきちんと生きているか、いつも確認している
⑤（　）仕事でも遊びでも「ゾーンに入る」ことが多く、自分自身を意識しない
⑥（　）自分がやることにいつも、ものすごく夢中になる
⑦（　）自分の周囲で起きていることに気が散ることはめったにない
⑧（　）自分には世界をよりよい場所にする義務がある
⑨（　）自分の人生には永続的な意味がある
⑩（　）たとえ何をしていても、自分が勝つことが重要である
⑪（　）何をすべきか選ぶときには、それが楽しいことかどうかをいつも考慮する
⑫（　）自分がやることは社会にとって意義のあることだ
⑬（　）ほかの人より多くのことを達成したい
⑭（　）「人生は短い――大いに楽しもう」という言葉に同感する
⑮（　）自分の感覚を刺激することが大好きだ
⑯（　）競い合うことが好きだ

快感の追求に関する項目　②⑪⑭⑮　得点の合計（　　）点
熱中の追求に関する項目　③⑤⑥⑦　得点の合計（　　）点
意味の追求に関する項目　①⑧⑨⑫　得点の合計（　　）点
勝利の追求に関する項目　④⑩⑬⑯　得点の合計（　　）点

総得点（　　）点

＊『ポジティブ心理学入門』クリストファー・ピーターソン著（春秋社）より引用

4つのカテゴリーのうち、もっとも高得点になったカテゴリーがあなたの主な志向性になる。総得点が高いほど、人生の満足度が高いといえる

Section 30 睡眠・運動・食事をもっと充実させよう

睡眠・運動・食事は、健全な日常習慣を行なううえで最重要の要素です。とくにプロアスリートは「睡眠」と「食事」を理想的なものにすることが必須です。シーズンオフの1日の過ごし方について、大谷翔平選手はこう語っています。

「朝7時くらいに起きて、ご飯食べて、9時くらいに出て。9時からやる日もありますし、10時から（トレーニングを）やる日もあるので。大体そのくらいに動き始めて。（中略）2時、3時くらいに帰ってきて、お昼食べて、ちょっと寝て。夜ご飯食べて、ゆっくりして、寝るっていう。毎日その繰り返しですね」

＊『ＳＥＩＫＯ インタビュー』

ペンシルベニア大学の研究データによると、6時間睡眠を14日間つづけると、2日間完全に徹夜したときと同程度の集中力の低下をきたすことが判明しています。

睡眠不足は、さまざまな深刻な病気を発症させるリスクを高めます。睡眠不足の人はそうでない人にくらべて、ガンのリスクが6倍、脳卒中のリスクが4倍、心筋梗塞のリスクが3倍高まるといわれています。

多くのビジネスパーソンは、慢性的な睡眠不足に陥っています。睡眠不足によって生じた「睡眠負債」を週末の10時間睡眠で解消できることは覚えておいてよい知識です。そして、食事についても大谷選手はこう語っています。

「栄養素でいうと、たとえばオートミールと白米、玄米、パスタがあったとして、その人に合う炭水化物があるんです。それをいろいろ試しています。美味しいかどうかではなくて、筋肉の張り感とか、体重の変化とかを見ながら、長期間、主食をオートミールに置き換えたらどうなるかなとか、食事でそういう実験をしています」

＊『Number Web 2020年5月7日』

自分にとっての最高の食事を摂る習慣を身につけることは、健全な日常生活を送るうえで必須要素です。たとえば、アメリカ国立ガン研究所が提唱しているガン予防効果のある食品群は「ニンニク」「キャベツ」「セロリ」「ショウガ」等です。
このような食品群をあなたの食生活のなかで積極的に摂る習慣を組みこむことにより、明らかにガンになるリスクを減らせるのです。

左のページに示したのは、私のスポーツ心理学の師であるジム・レーヤー博士が開発した「回復チェックシート」です。レーヤー博士の功績のひとつは、「回復」に意欲を注いだことです。仕事や勉強において優（すぐ）れたパフォーマンスを常時発揮するためには、絶え間ない努力をするだけではなく、オフタイムに心身のエネルギー補給をすることが不可欠であると、私は考えています。

チェックリストについて簡単に説明しましょう。この用紙は一週間に1枚使用します。点数を出し、183ページの評価表で評価してみてください。

モニタリングによって最高の心理状態に敏感になり、オフタイムに心身のエネルギーをできるだけたくさん補給することに努（つと）めましょう。

チェック用紙に記入をはじめてから1～2週間もすれば、あなたは毎朝「さあ、朝だ！」と叫んでベッドを飛び出した瞬間から、大谷選手のように一日を完全燃焼できるようになり、勉強や仕事でも大きな成果を得られるのです。

回復チェックシート

記入日 20　　年　　月　　日

その日の生活でもっとも近い項目の数字を○で囲んでください

1　睡眠時間
　・8時間以上…5　・7〜8時間…10　・6〜7時間…5　・6時間未満…3

2　起床・就寝時間の習慣　いつも決まった時間に起床する
　・はい…5　・いいえ…0

3　活動的な休息時間
　専門競技以外の運動(ほかの球技、ウォーキング、水泳)を楽しんだ時間
　・1時間以上…5　・30分〜1時間…2　・30分未満…1

4　受動的な休息時間　読書、映画、テレビ、音楽鑑賞などの休息に費やした時間
　・1時間以上…5　・30分〜1時間…2　・30分未満…1

5　リラックスのためのエクササイズの時間　瞑想、ヨガ、ストレッチに費やした時間
　・1時間以上…5　・30分〜1時間…2　・30分未満…1

6　食事の回数
　・3回…5　・2回…3　・1回…1

7　食生活の健康度　軽い、新鮮で、低脂肪で、炭水化物中心の食事を摂ったか
　・毎食そうである…5　・ほとんどそうである…2　・そうではない…1

8　今日は楽しい1日だったか
　・楽しかった…5　・楽しくなかった…2

9　個人的な自由時間
　・1時間以上…5　・1時間未満…2

1日の回復量の総計
点

(50点満点)

＊『スポーツマンのためのメンタル・タフネス』ジム・レーヤー著(阪急コミュニケーションズ)を参考に作成

Section 31 「深く思索する」ことの重要さを知ろう

大谷翔平選手ほど、「ひらめき」や「直観」を頼りに飛躍のヒントを探りつづけているアスリートはあまり見当たりません。

あるとき、大谷選手はこう語っています。

「ひらめきというか、こういうふうに投げてみよう、こうやって打ってみようというものが、突然出てきますからね。やってみて何も感じないならそれでいいし、継続した先にもっといいひらめきが出てくるときがあります」

＊『不可能を可能にする 大谷翔平120の思考』ぴあ

この世の中は、効率化とか能率化といった言葉が幅を利かせています。「広く、浅く」というのも、情報化社会のトレンドです。しかし、それでは最先端の人工知能には到底歯が立ちません。

斬新なひらめきや使える直観を獲得するには、あえて無駄なことをやってみることも必要だと、私は考えています。私は現在、囲碁の井山裕太(いやまゆうた)棋士のメンタルカウンセラーを務めており、月1回の面談と日常的な電話やメールのやりとりによって、心の持ち方のヒントをアドバイスしています。アドバイスをする一方、私が井山棋士から教えられることも多くあります。彼は自著でこんなことを語っています。

「僕は他の棋士に比べて『こんな手が良いはずがない』と深く読みもせずに見た目で廃案にすることは少ないように思います。見た目がどんなに悪そうな手でも『もしかして』と、駄目である裏付けを取るべく読んでみることをするのです。その結果、誰も気づかなかった盲点(もうてん)のような好手を発見することもありますが、やっぱり駄目だったかと諦(あきら)めることのほうがはるかに多いので、持ち時間を無駄に消費しているといえなくもありません。ただそれでも僕は、『セオリーや常識とされているものを超えた手を打ちたい』という気持ちを捨て去ることができないのです」

＊『勝ちきる頭脳』幻冬舎文庫

あえて無駄と思えることでも、深く思索(しさく)することは一流の人間が得意としている資質です。人工知能の研究において、日本の権威である京都大学の川上浩司特定教授は自著でこう語っています。

「行きつ戻りつしたり、一直線に結論にたどり着かずにグルグル同じ場所を回ったり、時には道を間違えたり、遠回りをすること。それが『深く考えること』である。そんな行為そのものに、『自分だけのユニーク』を見つけるヒントが隠されている。そして、その『自分のユニーク』こそがこれからの社会を生き抜く『自分だけの強み』になるのではないだろうか」

＊『京大式 DEEP THINKING』サンマーク出版

左のページに「KPT思考法専用シート」を示します。「KPT」とは、「継続すること（Keep）」「改善すること（Problem）」「新たに取り組むこと（Try）」の3項目で、勉強や仕事の状況や結果を振り返る手法です。1日10分でいいから、その日のKPTを考える時間を確保して、振り返りの素材を蓄積していきましょう。

徹底して「好き」と「得意」を手がかりにして、ひとつのテーマに絞りこんで、深く思索する。そして、その考えをノートやスマホのメモ機能を活用して形に残す。この習慣を身につければ、あなたはこれからの時代で生き残れる人材になれるのです。

KPT思考法専用シート

ステップ1	Keep 継続すること	活動のなかで何か達成感があったか？ 何か喜びや満足を感じたか？
		自分の行動でうまくいったことはあったか？ それはなぜうまくいったのか？
		自分以外の人の行動でよかったと思うことはあったか？ それはなぜよかったのか？
ステップ2	Problem 改善すること	失敗したことや目標の達成を妨げたことはあったか？
		活動中に困ったことや悩んだこと、我慢して辛かったことはあったか？
		このメンバーなら本来もっとできたはずだと思うことはあるか？
ステップ3	Try 新たに 取り組むこと	Keepで書き出した内容をより効果的に実行するには どうすればよいか？
		Problemで書き出した内容を解決するにはどうすればよいか？
		次なる目標設定やスケジュールのイメージは？

Keep 継続すること	
Problem 改善すること	
Try 新たに取り組むこと	

＊『思考法図鑑』株式会社アンド著（翔泳社）より引用

Section 32 自分の気持ちを形に残す習慣を身につけよう

私がプロゴルファーのメンタルカウンセラーを務めるとき、最初に強調するのが「そのときの自分の気持ちをできるだけリアルに形に残す」という習慣を身につけてもらうことです。

彼らは「専用ノート」を肌身離さずもち歩いています。そして、そのときどきに感じたことを素直にノートにメモすることで、自分の気持ちを形に残しているのです。

大谷翔平選手も「メモ魔」です。その発端は、8歳のころからの父親・徹さんとの交換日記でした。「野球ノート」と表紙に書かれたノートに、徹さんはアドバイスや試合の評価、大谷選手は試合の反省や今後の課題を書き記したといいます。

交換日記のやりとりは小学5年生までつづきました。このことを振り返って、徹さんはこう語っています。

「試合から帰ったら、今日はこういうプレーができた。3回まではいいピッチングができた。あるいは、高めのボール球に手を出したとか、ボール球を打ってフライを上げたとか。そういった試合での良かったことや悪かったことなどをノートに書かせていました。（中略）それらを字で書き残すことによって、しっかりとやるべきことを頭に入れてほしかった。つまりは、練習における意識付けですね。野球ノートを始めた一番のきっかけはそこにありました」

＊『道ひらく、海わたる 大谷翔平の素顔』扶桑社

思いついたことを書き記す習慣を身につけなかったら、その思いは永遠に闇に葬り去られる運命にあります。だから、形に残すことが大事なのです。それ以降も大谷選手は、貪欲に「自分の思考を形に残す」習慣を持続させています。

用具スポンサーの特別企画のインタビューで「練習や実践で試すなかで、自分の課題を書き留めたりするのですか？」という問いに、大谷選手はこう語っています。

「もちろん書いてます。一日一日iPadに『これは良かった・悪かった』『明日はこうしてみよう』というのを日記のようにつけていて、どんどん貯めていく感じですね。シーズンの中で、調子のいいとき・悪いときはあるので、調子のいいと

きはこういう感覚でやっていた、悪かったときはこうだな、というのを擦り合わせていくと、答えが見えてきたりするので。シーズンの中だけではなくて、来年のヒントになったりもする。現役が終わったときにも、一年目の自分はこう考えていたという気づきがプラスになると思っています」

＊『SPREAD ２０２０年３月30日』

その日感じた気持ちを文字にして残すと好ましい効果を生み出すことは、心理学の実験でも証明されています。アメリカのウェイン州立大学のK・M・プロベンザーノ博士らは、大学生74名をふたつのグループに分け、グループAには、その日の出来事だけを記録させ、グループBには、その日感じた気持ちを日記に書かせました。

その結果、グループAの学生に成績の向上は見られませんでしたが、グループBの学生の成績は明らかに向上したのです。

私はプロ選手のために、何十種類ものチェック用紙を開発しています。そのなかでも「自分との対話ノート」（左のページの図）は選手に人気のあるシートです。これら4つの質問に対して、素直な気持ちをありのままに吐き出してください。

そして、書き記した内容をひも解いて、「あのとき、自分はどんなことを考えていたのか」を振り返ることに活用してほしいのです。

自分との対話ノート

記入日　20　　年　　月　　日

①いま一番ほしいものは?
②いま一番したいことは?
③いま一番なくしたい悪習慣は?
④今日のハイライトシーンは?

「やる気」を高める方法!

かならず1日1回、自分の努力を評価する

Section 33 ピンチをポジティブにとらえよう

どんなピンチの状況でも、大谷翔平選手はつねにポジティブにとらえて、行動を持続させます。一方、私たちは、ともすればピンチの状況をそのまま受けとってしまい、ふさぎこんでしまいます。このことについて、大谷選手はこう語っています。

「良かった時より、悪かった試合の方が記憶に残るんです。自分の弱点があったら、しっかり直していきたい。頑張れという声も、自分がマイナス思考の時は、〝ちゃんとストライクを入れろ〟に聞こえるんです」

＊『不可能を可能にする 大谷翔平１２０の思考』ぴあ

大谷選手は、良くないことが起こってもプラスに解釈する能力が備わっているのです。これにかんして、「ＡＢＣ理論」は私たちがポジティブ思考を手に入れるうえで、おおいに役立つ理論です。心理学者アルバート・エリス博士が考案したもので、Ａは

「Adversity（困った状況）」であり、Bは「Belief（解釈）」。そしてCは、「Consequence（結果）」を表します。

置かれた状況をうまく解釈すれば、おのずから結果は良い方向に動いていくのです。

たとえば、スーパーマーケットの駐車場が満車だったので空くのを待っていると、あとからきたクルマにそのスペースを横取りされた（A）とします。

もしもあなたが、「あのドライバーは自分勝手な人間だ」（B）と解釈すれば、怒りはなかなか収まりません。結果として、そのドライバーを怒鳴りつける（C）ことにより、ケンカに発展するかもしれません。

このとき、「ドライバーは急いで買い物をする必要性に迫られているに違いない」と考えれば、怒りを感じないでしょう。当然、ドライバーとケンカは起きません。

149ページに「ABC日記」を示します。良くないこと、良いことが起こったとき、専用ノートに起こったことをどう解釈し、その結果どうなったかを記入するのです。

もしも、あなたがピンチの状況に陥ったとき、この「ABC日記」を活用して、その状況をありのまま受け入れたうえで、好ましい解釈をする訓練をしてほしいのです。理屈抜きに場数を踏むことが大事です。

日記をつけはじめて10日もすれば、好ましい解釈がどんどんできるようになっている自分に気付くはずです。それだけでなく、感情的にも安定し、不思議と身のまわりに良いことが起こることに驚くようになります。

これは仕事だけでなく、ダイエットを含めた健康習慣や禁煙・禁酒に大きく貢献してくれます。これらの悪習慣の根っこにあるのは、「今日くらい不摂生しても大丈夫」という甘い考えです。「今日くらい」という甘えが積み重なって、抜けることができない依存症に陥ってしまうのです。

花巻東高校時代の練習を振り返って、大谷選手はこうも語っています。

「すごくきつい練習メニューがあるとして、それを自分はやりたくない。でも自分が成長するためにやらなきゃいけない。そこで、そのメニューに自分から取り組めるかが大事な要素なんです。何が正しいかを考えて行動できる。それが大人」

＊『不可能を可能にする 大谷翔平120の思考』ぴあ

日々「ABC日記」をつけることにより、あなたの人生にポジティビティが満ちあふれ、大谷選手のように、人生はどんどん良い方向に向かっていくのです。

ABC日記

日付：20　　年　　月　　日　天候：　　　　気温：　　　度

1　困った状況を、できるだけ具体的に記入しましょう

2　その状況の好ましい解釈を、できるだけ具体的に記入しましょう

3　その解釈の結果について、できるだけ具体的に記入しましょう

記入例

日付：2021年12月17日　天候：晴　気温：15度

1　困った状況を、できるだけ具体的に記入しましょう

明日のプレゼン資料がまとまらない

2　その状況の好ましい解釈を、できるだけ具体的に記入しましょう

今日の19時までに資料作成に全力を投入して、明日のプレゼンでベストを尽くそう

3　その解釈の結果について、できるだけ具体的に記入しましょう

無事プレゼンを乗り切った。出席したメンバーも私の説明に納得してくれた

ABC日記は、筆者が指導しているプロアスリートも実践しており、その有効性は折り紙つき。ABC日記をつけつづけることで、前向きな好ましい解釈をするクセがつく

＊『思考法図鑑』株式会社アンド著（翔泳社）より引用

Section 34 「得意」と「不得意」の自己理解を深めよう

「好き」と「得意」で夢をかなえるには、自分自身の「得意」と「不得意」をしっかりと分析する必要があります。

ともすれば、私たち日本人は世間一般の常識や周囲の人たちのアドバイスを参考にして人生を決めてしまう傾向にあります。

しかし、私が強調したいのは、あなたの人生を知っているのは、あなた自身であるということ。もっといえば、あなた以外の人たちは、家族も含めて、あなたが思っているほどあなたのことを考えていません。

みんな自分のことを考えるだけで精いっぱいなのです。ですから自分の人生は、あなた自身が決めるしかないのです。

大谷翔平選手がメジャーリーガーという大きな夢をかなえることができたのは、「自分の人生は自分で決める！」と断言し、自分の「好き」と「得意技」を精いっぱい活かして鍛錬を積み重ねたからです。

そして、彼が二刀流という日本のプロ野球では異例の選手をめざしたのは、安易に妥協することが嫌だったからです。もちろん、彼のご両親や花巻東高校野球部の佐々木洋監督、あるいは、北海道日本ハムファイターズの栗山英樹監督の導きも大きいでしょうが、最終的には、大谷選手が決めたことなのです。

メジャーリーグに移籍する際も、彼は自分で決断しています。じつは年俸にかんしては、エンゼルスよりも好条件のチームがありました。

しかし、彼は「二刀流」にこだわり、そのことに一番理解を示してくれたエンゼルスを選ぶことを、自分自身で決めたのです。

自分で決めることの大切さについて、大谷選手が語った言葉を再度紹介します。

「目標を持つことは大事だと思いますし、僕がどういう選手になるのかというのは自分で決めること。どういう選手になりたいのかといわれたら、毎日試合に出て、大事なところで打てる選手。任された試合に負けないピッチングができる選手。チームの柱として頑張ってる自分を想像するのはすごく大事なことかなと思います」

＊『文藝春秋』２０１３年10月号

自分の長所と欠点を客観的に分析するだけでなく、チャンスとピンチにおける対処法をあらかじめ形にしておくことが人生を成功へと導くカギとなります。これを実行するために、便利なチェックシートが開発されています。

私は指導するアスリートに、「SWOT分析シート」を記入してもらっています。これはビジネスシーンで活用されているもので、じっさいに多くのアスリートが実践し、大きな効果をもたらしています。

「SWOT」とは、「Strength（強み）」「Weakness（弱み）」「Opportunity（チャンス）」「Threat（ピンチ）」の頭文字をとったものです。

ひとつのテーマに沿って、思いつくまま、この4つの要素にかかわることを記入していきましょう。

この用紙に記入する習慣を身につけることにより、テーマに沿った具体的な行動計画がクリアになるのです。

あなた自身の「得意」だけでなく、「不得意」にかんしても理解を深めることができ、効果的な戦略が身につくのです。

もちろん、外部要因としてのチャンスとピンチをきちんと理解して、冷静に戦略を

SWOT分析シート

記入日 20　　年　　月　　日

テーマ ＿＿＿＿＿＿＿＿＿＿

	プラス要因	マイナス要因
内部要因		
外部要因		

	プラス要因	マイナス要因
内部要因	武器 (Strength)	弱点 (Weakness)
外部要因	チャンス (Opportunity)	ピンチ (Threat)

練ることもできます。

大谷選手のように、自分の特徴をしっかり理解して、得意技を徹底して強化し、チャンスをしっかりものにする。これこそ、大きな夢をかなえるために必須の要素なのです。

6

大谷翔平から学ぶ成功メソッド

「挑戦し続ける人生」を歩むための行動を起こそう

Section 35 自己イメージを今すぐ書き換えよう

花巻東高校野球部の佐々木洋監督との出会いがなかったら、現在の大谷翔平選手はなかったと、私は考えています。

佐々木監督は幼いころ、父親から小さな植木鉢に入ったイチョウの木を譲り受けたといいます。本当は庭に植える大きなイチョウの木が欲しかったのですが、「小さな植木鉢の小さな苗木も、庭に植えたら大きく育つんだ」と父親に聞かされて、とても驚いたそうです。このことについて、佐々木監督は以下のように語っています。

「器の大きさによって、木の大きさが変わることを、そのとき初めて知りました。そして、それは指導にも通じるものがあると気づかされました。器を大きくしてあげれば、それ相応の大きさになる。『おまえはこれだけだ』といって育てれば、それまでの選手にしか育たない、と。ある選手には段階を踏みながら、器の大きさを変えてあげることも必要だと感じました」

＊『道ひらく、海わたる 大谷翔平の素顔』扶桑社

多くの人が自分を過小評価しています。過去の自分が歩んできた人生から「自分はこの程度の人間である」と勝手に決めつけてしまうのです。

たしかに、過去を変えることはまったく不可能です。しかし、未来を過去の延長線上で考えてはいけません。未来はあらゆる可能性を秘めています。「自分はこの程度の人間である」という自己イメージをいますぐ書き換えましょう。

私は「努力は蛇口から流れる水の量」「自己イメージはその水を貯える容器の容積」、そして「成果はその容器に貯えられる水の量」であると考えています。いくら努力を積み重ねても、容器の容積以上の水を貯えることはできません。つまり、努力を積み重ねる前に、「あなた」という容器の容積を大きくする必要があるのです。

具体的には、ひんぱんに以下のメッセージを自分に投げかけてください。

「私は○○○という凄い才能がある！」

「私は着実に進化している！」

「私は○○○にかけては誰にも負けない！」

このようなメッセージをひんぱんに自分に投げかけましょう。それだけで自己イメージが書き換えられ、私たちは凄い力を発揮できるようになるのです。

もうひとつ、自己イメージを書き換えるテクニックは、徹底してネガティブな表現をポジティブな表現に書き換えるスキルを身につけることです。私たちの身のまわりには、良いことだけでなく、良くないことがひんぱんに起こります。とくに勉強や仕事で良い結果が出なかったとき、無意識にネガティブな思考に陥ってしまいがちです。

じつは、感情は起こった事実によって引き起こされるものではありません。その事実をどうとらえるかによって、ポジティブな感情とネガティブな感情に分かれるのです。それが結果的に自分の過小評価につながり、好ましくない自己イメージを脳内に定着させてしまいます。

私は「書き換えスキル向上シート」(左のページ)を開発して、多くのビジネスパーソンや学生の方に活用してもらっています。例題を参考にして、ネガティブな感情をポジティブな感情に書き換えるスキルを毎日磨きましょう。

そして、その日のポジティブ度を100点満点で数字を記入しましょう。良くない出来事が起こったとき、この用紙を活用してポジティブな要素を引き出すことにより、あなたの自己イメージは改善され、自信満々の人間の仲間入りができるのです。

書き換えスキル向上シート

記入日　20　　年　　月　　日

例題

ネガティブ感情　商談がまとまらない。私はこの仕事に向いていない。
↓
ポジティブ感情　完璧な準備をすれば次の商談はうまくいく。

ネガティブ感情①
↓
ポジティブ感情①

ネガティブ感情②
↓
ポジティブ感情②

ネガティブ感情③
↓
ポジティブ感情③

ネガティブ感情④
↓
ポジティブ感情④

今日のポジティブ度　　　点（100点満点）

ポジティブな感情とネガティブな感情は、脳の別の場所から発生する。
すなわち、あなたがどう捉えるかである。この用紙で書き換えよう

ポジティブ

ネガティブ

Section 36 「笑顔の力」で幸運を呼び込もう

２０２１年シーズンの大谷翔平選手は、「野球の神様」と呼ばれたベーブ・ルースが１９１８年に記録した「投手として２桁(けた)勝利（13勝7敗）、打者として２桁ホームラン（11本）」こそお預けとなりましたが、その記録を比較すると、どちらが凄い成績かは誰の目にも明らかでしょう。

大谷選手ほど楽しそうにプレーしているメジャーリーガーはあまり見当たりません。じつは、私たちは誤解していることがあります。それは、「悲しいから涙が出る」という神話です。しかし、真実はそうではありません。「涙が出るから悲しくなる」が正解なのです。生理的な変化や外見が、私たちに特定の感情を引き起こすのです。

つまり、いつも笑顔で楽しそうに仕事をすれば、気持ちがウキウキして、結果的に潜在能力を目いっぱい発揮できるのです。この事実を大谷選手が知っているかどうかは定(さだ)かでありませんが、努(つと)めて楽しそうにプレーすることが、２０２１年シーズンに打ち立てた大記録に貢献したことは間違いありません。あるファンイベントで、「好きな女性のタイプは？」と質問された大谷選手は、こう語っています。

「ずっと笑っていてくれる人がいいです。ふつうにニコッとしてくれているような人ですかね」
＊『不可能を可能にする 大谷翔平120の思考』ぴあ

大谷選手はいつも笑顔でプレーしています。一塁に出塁すると、相手チームの一塁手と楽しそうに談笑します。つまり、野球少年の気持ちを宿してプレーしているから、あれほど凄いパフォーマンスを発揮できるのです。

ポジティブ心理学における第一人者であるバーバラ・フレドリクソン博士は、ポジティビティはおもに10個のポジティブ感情によって構成されていると主張しています。それらは、①喜び、②感謝、③安らぎ、④興味、⑤希望、⑥誇り、⑦愉快、⑧鼓舞（こぶ）、⑨畏敬（いけい）、⑩愛です。

これらの量を単純に増やすことにより、あなたのポジティビティの量も自動的に増えるのです。子どもはポジティビティの象徴。天真爛漫（てんしんらんまん）さ、明るさ、笑顔、朗（ほが）らかさなど、すべて子どもがもっている資質です。しかし、残念なことに、それらは歳（とし）を重ねるとともに、どんどん失われていきます。

子どもへの回帰を意識的に行なうことにより、私たちのポジティビティは維持されます。できるだけお子さんやお孫さんとの交流の時間を確保することに努めてください。これらの要素を取り入れた習慣を形成するだけで、ポジティビティの量は着実に増えていくのです。

・笑う回数を意識的に増やしていく
・感謝の言葉を周囲の人たちにいま以上に表現する
・子どもや孫への愛情の度合いを、なおいっそう強化する

笑うことを侮(あなど)ってはいけません。単純に笑うことにより、ナチュラルキラー(NK)細胞(病原菌やガン細胞を殺して免疫力を高める細胞)を増加させることができます。それだけでなく、笑えば自然に幸福感が心に満(み)たされるのです。

左に「笑顔の8つの効果」を示します。大谷選手のように、できる限りひんぱんに自分の魅力的な笑顔を表現する。これがあなたのポジティビティの量を増やします。その結果、良い知らせがあなたのもとにどんどん舞いこむのです。

笑顔の8つの効果

記入日 20　年　月　日

【笑顔の効果1】 免疫力が高まる ・笑いによって、ガン細胞を殺すNK細胞の活性が上昇する ・笑いによって脳内のエンドルフィン濃度が上昇し、免疫力が高まる
【笑顔の効果2】 ストレスが緩和される ・笑いによって、ストレスホルモンのコルチゾールが低下する ・笑いは腹式呼吸なので、セロトニンが活性化され、結果としてストレスが緩和される
【笑顔の効果3】 痛みが緩和される ・15分の笑いで、痛みの許容レベルが10%上昇する ・笑いによって、鎮痛物質・エンドルフィンが分泌される
【笑顔の効果4】 各種身体症状に効果がある ・笑うと血管が開き、血圧低下、心臓に好影響を与える ・笑いは、血糖値の上昇を抑える ・笑いは、便秘解消になる(自律神経のバランスが整う)
【笑顔の効果5】 記憶力が上昇する ・笑顔によるコルチゾール抑制作用によって海馬のニューロン損失が減少し、記憶力が向上する ・笑うことで脳波のアルファ波が増えて、リラックスした状態となり、集中力、記憶力が高まる
【笑顔の効果6】 幸せになる ・笑いによって幸福物質ドーパミン、快楽物質エンドルフィンが分泌されるので「楽しい」「幸せ」な気分になる ・笑顔でいる人は、30年後の幸福度が高い
【笑顔の効果7】 考え方がポジティブになる ・笑顔を作るだけで、考え方がポジティブに変わる
【笑顔の効果8】 長生きする ・満面の笑みの人は、そうでない人より、7歳長生きする

＊『頑張らなければ、病気は治る』樺沢紫苑著(あさ出版)を参考に作成

Section 37 2種類のマインドセットを理解しよう

すでに解説した「完璧主義者」と「最善主義者」という分類のほかに、もうひとつの分類法があります。それが、「2種類のマインドセット」の存在です。

あるとき、大谷翔平選手はこう語っています。

「わかっていてできる人が天才なら、僕はわかっていてもできないのでたくさん練習しなきゃいけない。練習はそのためにある、ということなんじゃないですかね」

＊『Number 2019年6月27日号』文藝春秋

素質ではなく、努力が自分を高めるという信念が大谷選手を偉大なメジャーリーガーに仕立てたのです。自分を過小評価してはいけませんが、才能に溺(おぼ)れず、地道に努力することの大切さを肝(きも)に銘(めい)じることが「夢をかなえる」起爆剤になるのです。

マインドセットとは「心の在(あ)り方」を意味し、ある状況に対してその人間がどのようなとらえ方をするかというものです。

たとえば、学校のテストで難しい問題が出たとき、「苦虫（にがむし）を嚙（か）みつぶしたような表情で、いやいや問題を解く生徒」と「イキイキとした表情で目を輝かせながら意欲的に問題を解く生徒」に分かれます。あるいは、ちょっとした失敗で「もうダメだと考えて落ちこむ人」と「失敗をしっかり受けとめて、その原因を探る人」とに分かれます。この分野の権威である心理学者キャロル・ドゥエック博士はこう語っています。

「その気になれば能力はどんどん伸ばすことができるのに、なぜ現在の能力を示すことばかりにこだわって時間を無駄にするのだろう。欠点を克服せずに、隠そうとするのだろう（中略）。思いどおりにいかなくても、いや、うまくいかないときにこそ、粘り強くがんばるのが『しなやかマインドセット』の特徴だ。人生の試練を乗り越える力を与えてくれるのは、このマインドセットなのである」

＊『MIND SET「やればできる！」の研究』草思社

ドゥエック博士は、「こちこちマインドセット」と「しなやかマインドセット」の2種類に分類しています。その人間のパフォーマンスは先天的な素質や資質しだいで固定したものと考えるのが前者です。一方、人間のパフォーマンスは、努力や鍛錬によって高められる流動的なものと考えるのが後者です。

大谷選手のような「しなやかマインドセット」の人は、みずから進んで困難に挑戦するだけでなく、それを糧にして着実に進化していけます。目の前にそびえ立つ壁が高ければ高いほど、モチベーションを上げてその壁を乗り越えようとします。

一方、「こちこちマインドセット」の人は、いつも、「失敗してはならない」という切迫感に駆られ、ちょっとした成功でも、優越感を周囲に振りまき、努力することを怠るのです。教育心理学者ベンジャミン・ブルーム博士は、ずば抜けた業績を挙げた人たちの共通点を調査し、以下のふたつの共通点を探り当てました。

①彼らの幼少期は平凡な子どもであり、思春期初期でも際立った才能はなかった
②彼らは絶え間ない10年以上の血のにじむような鍛錬を経て、偉大な業績を挙げた

左のページに「2種類のマインドセットの人の思考・行動パターンの違い」を示します。しなやかマインドセットの人間の仲間入りをすることにより、あなたも大谷選手のような凄いパフォーマンスを発揮できるようになるのです。

マインドセットによって異なる思考・行動パターン

こちこちマインドセットの人間

・やる前から「やっても無理」と逃げてしまう
・具体的な行動を起こさない
・スランプが延々と続く
・あらゆる手をつくさない

しなやかマインドセットの人間

・置かれた立場で最善をつくす
・他人を助けようとする気持ちが強い
・良い結果を導くための力があると信じている
・難問を解決しようとするチャレンジ精神がある

Section 38 「将来、良いことが起こる」と信じよう

大谷翔平選手ほど「運」を呼びこむアスリートはあまり見当たりません。あいかわらず「運」は神秘的な色彩をもった要素です。２０１６年６月５日の巨人戦で日本最速（当時）の１６３キロを記録したことを振り返って、大谷選手はこう語っています。

「（163㎞については）目標を一つクリアするという意味において、いい経験をしたかなと思っています。目標を達成する嬉しさや目標を掲げたときのワクワク感を思い出すことができますからね。そういう一つの経験は、自分の中で積み重なっていくものだと思います」

＊『大谷翔平 野球翔年Ⅰ 日本編２０１３-２０１８』文藝春秋

じつは、「運」は大谷選手のいう「ワクワク感」と相性がいいのです。あるいは、大谷選手の「自分期待」も半端なものではありません。これが彼に幸運を呼びこんでいるのです。

長い目で見れば、「運」というものは誰にも平等に配分されると、私は考えています。もちろん、長い人生には幸運がつづけて起こることも、不運が重なることもあるでしょう。「運」にかんする研究における世界的権威であるリチャード・ワイズマン博士は、こう語っています。

「運のいい人の夢や目標は、不思議なくらい実現する。運の悪い人の場合は正反対だ。彼らの夢や目標は、はかない空想とほとんど変わらない。運のいい人には、不運を幸運に変える力がある。運の悪い人にはその力がなく、不運は混乱と破滅をもたらすだけだ」

*『運のいい人の法則』角川文庫

同じ状況でも、とらえ方でそれ以降の人生は変わるのです。たとえば、交通事故に遭(あ)って足を骨折したとき、運の悪い人は「なんて運が悪いんだ」と嘆(なげ)きます。一方、運のいい人は「命が助かって良かった！」と胸をなでおろすのです。

ワイズマン博士は、「将来の期待度テスト」を開発しています。以下の質問に対して、あなたが将来起こると思う確率を０～１００％で答えてください。絶対起こらないなら０（％）、かならず起こるなら１００（％）です。

【将来の期待度にかんする診断】

質問1 周囲の人たちから、あなたは才能があるといわれる（　　%）
質問2 年をとっても年齢より若く見られる（　　%）
質問3 次の休暇は楽しく過ごせそうだ（　　%）
質問4 長年の夢が少なくともひとつ実現する（　　%）
質問5 あなたの実績が評価される（　　%）
合計パーセンテージ（　　%）
平均パーセンテージ（　　%）

左のページのグラフに「運のいい人とそうでない人のパーセンテージ」を示します。このパーセンテージとあなたのパーセンテージを比較してください。5つの質問のすべてで期待度のパーセンテージが高い人ほど、自分が運のいい人であると考えていることがわかります。自己期待と運の良さは相性がいいのです。

大谷選手のように、ふだんから将来良いことがかならず起こると自分に期待する。これはあなたが考える以上に大切なことです。

運のいい人とそうでない人のパーセンテージ

170ページの質問に答え、それぞれの項目のパーセンテージを比較して、自分が「運のいい人」か、「中間の人」か、「運の悪い人」かを判定してください。

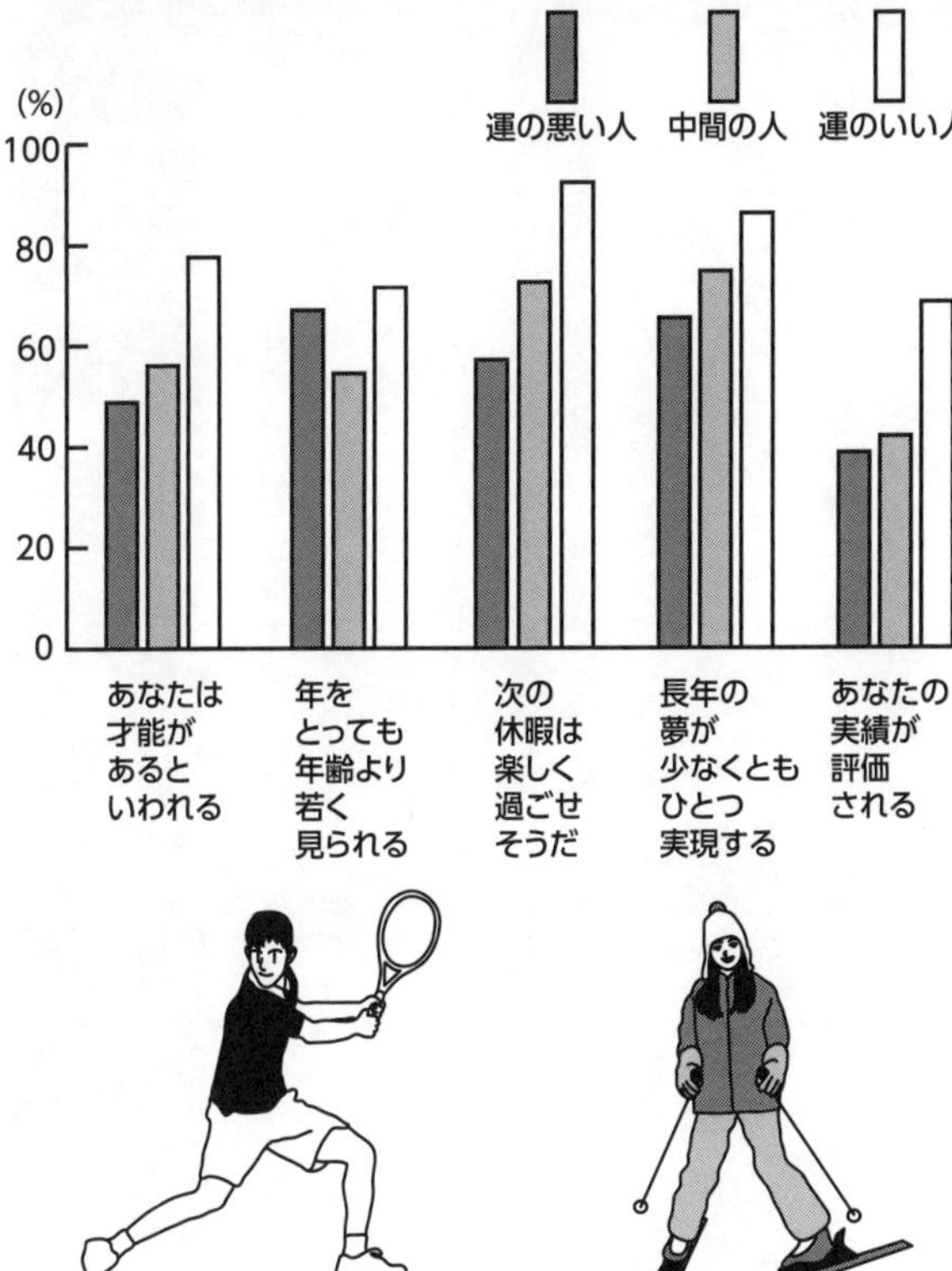

*『運のいい人の法則』リチャード・ワイズマン著(角川文庫)より引用

Section 39 パフォーマースキルの達人になろう

大谷翔平選手ほど自信満々の表情と態度を示すアスリートを探すのは、簡単ではありません。パフォーマースキルこそ、一流のアスリートが保有する、大きな夢をかなえるための強力な要素です。

大谷選手は幼いころから「自分はかならずメジャーリーガーになる！」とみずからに強く言い聞かせてきたからこそ、夢をかなえました。しかし、夢がかなった理由はそれだけではありません。大谷選手はあたかも自分がメジャーリーガーにすでになっているかのように振る舞ってプレーしてきたから、その夢を実現できたのです。

「風格」という言葉は、パフォーマースキルをうまく表現しています。なぜ、大谷選手が一流のメジャーリーガーになり得たのか。それは、自分がメジャーリーガーになるための「台本」にしたがい、その「役」を忠実に演じて、一流の野球選手の風格を漂（ただよ）わせる能力を身につけたからです。

じつは、一流のピッチャーが投げる球と並のピッチャーが投げる球は、たとえ球速が同じだとしても、バッターには違った球に見えるのです。威力のある球に見えるのは、もちろん一流のピッチャーの投げた球です。

つまり、バッターにとっては、「ピッチャーがどんな球を投げるか？」よりも「誰が投げるか？」のほうが、心に及ぼす影響が強いのです。心理学でいう「ハロー効果」です。「調子の良いときに、どこに球を投げるか？」という質問に対して、大谷選手はこう語っています。

> 「真ん中です。全部真ん中めがけて投げています。キャッチャーもコースに寄ったりせず、真ん中に構えてくれてますし、まっすぐがいいなっていうときは、真ん中です。だって、もったいないじゃないですか」
>
> ＊『大谷翔平 野球翔年Ⅰ日本編２０１３-２０１８』文藝春秋

バッターが「真ん中にくるとわかっていても、打てない」と考えた時点で勝負がついているのです。これが「風格」というもの。これほど心強い味方はほかに見当たりません。では、このスキルを身につける具体策はあるのでしょうか？

私は3つのステップにより、アスリートの内面を変えていきます。まず、「否定形をはじめとするマイナス思考を書き換える」。次に「それを日誌に記入する」。3つ目は「ポジティブな思考を自分に向かってつぶやく」という3段階です。

英国グラスゴー・カレドニアン大学のエレン・ダンカン博士が学生177人を調査した結果、日記をつけている人ほど、不安や不眠の傾向が顕著だったことが判明しました。日記をつけている人たちの66パーセントは古い日記を捨てずにいて、そのうち89パーセントの人たちは、日記を見返していました。このとき、苦い思い出や良くない出来事を思い出すことで、不安や不眠を引き起こしていたと考えられています。

左のページに、ダンカン博士が作成した「成長ノート」を示します。「良くない出来事」を見返しても落ちこむだけ。でも、「できたこと」を振り返れば、自信が生まれます。うまくいったことや、できたことを記入しましょう。そして、ひんぱんにこのノートに目を通しましょう。

それだけでなく、あなたも大谷選手の自信満々の表情や態度を真似て、じっさいにそのように振る舞いましょう。そうすれば、あなたのパフォーマンススキルは自然に高まり、あなたの周りで良いことがどんどん起こるようになるのです。

成長ノート

記入日：20　　年　　月　　日　天候：　　　気温：　　度

1　良かった出来事を、できるだけ具体的に記入しましょう

2　そのときの感情や思ったことを、できるだけ具体的に記入しましょう

3　よかった出来事を再現する方策を、できるだけ具体的に記入しましょう

後日、自分の身の上に起こった良い出来事を思い返すうえで、天候や温度が、その日の状況をリアルに思い出す大きなヒントになる

＊Duncan,E.&Sheffield,D."Diary keeping and well-being" Psychological Reports103.2008

Section 40 「人間力」が夢をかなえるカギになる

すでに触れた「マンダラチャート」(目標を書き示したシート、110ページ)に、大谷翔平選手は「運」をつかむ具体策として「ゴミ拾い」を挙げています。

その典型例は、2021年6月17日のタイガース戦です。大谷選手が四球を選んで一塁へ向かう途中、グラウンドに落ちていたゴミを拾い、自身のユニフォームのポケットに入れるシーンがありました。このシーンを見たファンから、称賛(しょうさん)の声が寄せられたことはいうまでもありません。

しかし、大谷選手にしてみれば、この行為は花巻東高校時代に佐々木洋監督から「ゴミを拾うことで運を拾う」と教わって以来、欠かさずに行なってきた当たり前の行為なのです。プロ野球選手になってからは、稲葉篤紀(あつのり)選手がお手本になりました。

このことについて、大谷選手はこう語っています。

「稲葉さんが試合中、守備から戻ってくるベンチの前で、ゴミをサッと拾ったことがあったんですけど、カッコ良くて感動しました。僕は、前を通り過ぎてから（ゴミに）呼ばれてる気がして、戻って拾う。お前はそれでいいのかって、後ろからトントンされちゃうタイプなんです」

＊『不可能を可能にする 大谷翔平120の思考』ぴあ

もちろん、「運を拾う」だけが、ごみ拾いの理由ではありません。メジャーリーガーになってから、「なぜゴミを拾うのか？」という質問に答えて、大谷選手はこうも語っています。

「ベンチの中だと、階段で（ゴミに滑って）転んだりする人もいる。そういうつまらないケガを、自分もそうですけど周りの人にもしてほしくない」

＊『デイリースポーツ 2021年10月5日』

運はこのような善行を行なう人間に舞い降りてくるのです。逆に「運よ来い。ツキよ来い」と運を求めている人間には、運はめぐってきません。本書ですでに「笑いの効用」について解説しましたが、「笑う門(かど)には福来(きた)る」は事実です。

大谷選手のように、周囲の人たちに笑顔で明るく振る舞う人間には、黙っていても福が訪れるのです。

人間は大きく分類して3種類の人間に分かれます。「なにも楽しめない人」「自分だけ楽しむ人」、そして「周囲の人たちにも楽しみを与えられる人」です。大谷選手が最後のタイプの人間であることは論を俟(ま)たないのです。

思いやりや気配りのある人間にだけ、運はめぐってきます。「自分に正直であること」が原点です。心の服を脱ぎ捨てて「自分に正直になる」。それはとても気持ちのいいことだし、その気になれば、今日から誰でもができることなのです。

左のページに「ポジティブ日記」を示します。毎日就寝前の10分間を活用して、「今日体験した楽しい出来事」「今日行なった善行」、そして「近い将来体験してみたい楽しい出来事」をそれぞれ3つずつ記入してください。近い将来体験してみたい「楽しい出来事」には、かならず達成期限を書きこみましょう。

ポジティブ日記を記入する習慣を身につけることにより、あなたの「人間力」が高まり、良い出来事があなたの周りでどんどん起こるようになるのです。

ポジティブ日記

記入日 20　年　月　日

★今日体験した「楽しい出来事」(3つ)

1

2

3

★今日行なった「善行」(3つ)

1

2

3

★近い将来体験したい楽しい出来事(3つ)

1

達成期限　202　年　月末

2

達成期限　202　年　月末

3

達成期限　202　年　月末

評価表

ランクの評価

Aランク…あなたはこの能力においてとても優れています

Bランク…あなたはこの能力において平均レベル以上です

Cランク…あなたのこの能力は平均レベルです

Dランク…あなたのこの能力はやや劣っています

Eランク…あなたのこの能力は明らかに劣っています

Section 06 自分の武器を自覚するチェックシート評価表(p33)

65点以上……Aランク
50～64点…Bランク
35～49点…Cランク
25～34点…Dランク
24点以下……Eランク

Section 04 天職を見つけるためのチェックシート評価表(p25)

85点以上……Aランク
70～84点…Bランク
55～69点…Cランク
40～54点…Dランク
39点以下……Eランク

Section 09 ゾーン感覚チェックシート評価表(p47)

40点以上……Aランク　あなたは高い確率でゾーンを引き寄せることができます

20～39点…Bランク　あなたがゾーンを引き寄せる確率は平均レベルです

19点以下……Cランク　あなたがゾーンを引き寄せる確率はあまり高くありません

Section 22 自己効力感
チェックシート評価表(p101)

35〜40点…Aランク
30〜34点…Bランク
25〜29点…Cランク
20〜24点…Dランク
19点以下….Eランク

Section 11 やり抜く力
チェックシート評価表(p55)

65点以上….Aランク
55〜64点…Bランク
45〜54点…Cランク
35〜44点…Dランク
34点以下….Eランク

Section 25 メンタルタフネス
チェックシート評価表(p115)

○の数
13〜15個…Aランク
10〜12個…Bランク
7〜9個……Cランク
4〜6個……Dランク
3個以下……Eランク

Section 28 ポジティビティ比の自己診断テスト評価表(p127)

①ポジティビティを表す10の項目に○をつけます。
1、4、8、11、12、13、14、15、16、19がポジティビティです
②ネガティビティを表す10の項目に下線を引きます。
2、3、5、6、7、9、10、17、18、20がネガティビティです
③ポジティビティで「2」以上のものを数えます
④ネガティビティで「1」以上のものを数えます
⑤ポジティビティの数をネガティビティの数で割り、ネガティビティを「1」としたときのポジティビティの数を算出します。
ポジティビティ:ネガティビティ(=1)が、今日のポジティビティ比です。
(ネガティビティがなかった場合は、1とします)

Section㉙ 幸せチェックシート評価表（p133）
4つの各項目の点数
15点以上…Aランク あなたはこの能力においてとても優れています
10〜14点…Bランク あなたのこの能力は平均レベルです
9点以下……Cランク あなたのこの能力は明らかに劣っています

Section㉚ 回復チェックシート（p137）
1日の回復量の総計点（50点満点）
レベルA……40点以上
レベルB……35〜39点
レベルC……30〜34点
レベルD……25〜29点
レベルE……24点以下

●参考文献

『目標は小さければ小さいほどいい』児玉光雄（河出書房新社）
『逆境を突破する技術「折れない心」を科学的に習得する極意』児玉光雄（SBクリエイティブ）
『すぐやる力 やり抜く力』児玉光雄（三笠書房）
『道ひらく、海わたる 大谷翔平の素顔』佐々木亨（扶桑社）
『大谷翔平 野球翔年I 日本編2013-2018』石田雄太（文藝春秋）
『ピークパフォーマンス ベストを引き出す理論と方法』チャールズ・A.ガーフィールド、ハル・ジーナ・ベネット他（ベースボール・マガジン社）
『やり抜く力 GRIT』アンジェラ・ダックワース（ダイヤモンド社）
『3週間続ければ一生が変わる』ロビン・シャーマ（海竜社）
『不可能を可能にする 大谷翔平120の思考』大谷翔平（ぴあ）
『自分を変える89の方法』スティーヴ・チャンドラー（ディスカヴァー・トゥエンティワン）
『ポジティブな人だけがうまくいく3:1の法則』バーバラ・フレドリクソン（日本実業出版社）
『勝ちきる頭脳』井山裕太（幻冬舎）
『京大式 DEEP THINKING』川上浩司（サンマーク出版）
『MIND SET「やればできる！」の研究』キャロル・S・ドゥエック（草思社）
『運のいい人の法則』リチャード・ワイズマン（角川書店）
『大谷翔平 二刀流の軌跡』ジェイ・パリス（辰巳出版）
『速報 大谷翔平 二刀流 ALL STAR GAME サンケイスポーツ特別版』（サンケイスポーツ出版局）
『思考法図鑑 ひらめきを生む問題解決・アイデア発想のアプローチ』株式会社アンド（翔泳社）
『最善主義が道を拓く』タル・ベン・シャハー（幸福の科学出版）
『働くみんなのモティベーション論』金井壽宏（NTT出版）
『スポーツマンのためのメンタル・タフネス』ジム・レーヤー（阪急コミュニケーションズ）
『学び効率が最大化する インプット大全』樺沢紫苑（サンクチュアリ出版）
『学びを結果に変える アウトプット大全』樺沢紫苑（サンクチュアリ出版）
『脳を最適化すれば能力は2倍になる』樺沢紫苑（文響社）
『究極の鍛錬』ジョフ・コルヴァン（サンマーク出版）
『超一流になるのは才能か努力か？』アンダース・エリクソン（文藝春秋）

『Dark Horse「好きなことだけで生きる人」が成功する時代』トッド・ローズ、オギ・オーガス（三笠書房）

『ポジティブ心理学入門「よい生き方」を科学的に考える方法』クリストファー・ピーターソン（春秋社）

●雑誌

『Number』（文藝春秋）／『文藝春秋』（文藝春秋）／『週刊ベースボール』（ベースボールマガジン社）

●WEBサイト

『タウンワークマガジン』／『SEIKO インタビュー』／『Number web』（文藝春秋）

『SPREAD』

●新聞

『日刊スポーツ』／『デイリースポーツ』

＊本書は、二〇二一年十一月に刊行された単行本『好きと得意で夢をかなえる
大谷翔平から学ぶ成功メソッド』（河出書房新社刊）を文庫化したものです。

大谷翔平から学ぶ成功メソッド

二〇二四年 六 月一〇日 初版印刷
二〇二四年 六 月二〇日 初版発行

著 者 児玉光雄
企画・編集 株式会社夢の設計社
発行者 小野寺優
発行所 株式会社河出書房新社
〒一六二－八五四四
東京都新宿区東五軒町二－一三
電話〇三－三四〇四－八六一一（編集）
〇三－三四〇四－一二〇一（営業）
https://www.kawade.co.jp/

ロゴ・表紙デザイン 粟津潔
本文フォーマット 佐々木暁
印刷・製本 中央精版印刷株式会社

Printed in Japan ISBN978-4-309-42107-0

井村雅代　不屈の魂

川名紀美　41746-2

東京オリンピック、最後の戦いへ！　シンクロ（現アーティスティックスイミング）に人生の全てを賭けた、日本代表コーチ・井村雅代の執念の軌跡を描いたノンフィクション。加筆の上、待望の文庫化。

結果を出せる人になる!「すぐやる脳」のつくり方

茂木健一郎　41708-0

一瞬で最良の決断をし、トップスピードで行動に移すには“すぐやる脳”が必要だ。「課題変換」「脳内ダイエット」など31のポイントで、“ぐずぐず脳”が劇的に変わる！　ベストセラーがついに文庫化！

1%の力

鎌田實　41460-7

自分、自分、自分、の時代。今こそ誰かのための「１％の力」が必要だ。１％は誰かのために生きなさい。小さいけれど、とてつもない力。みんなが「１％」生き方を変えるだけで、個人も社会も幸福になる。

パリジェンヌ流　今を楽しむ！自分革命

ドラ・トーザン　41583-3

自分のスタイルを見つけ、今を楽しんで魅力的に生きるフランス人の智恵を、日仏で活躍する生粋のパリジェンヌが伝授。いつも自由で、心に自分らしさを忘れないフランス人の豊かで幸せな生き方スタイル！

おとなの進路教室。

山田ズーニー　41143-9

特効薬ではありません。でも、自分の考えを引き出すのによく効きます！自分らしい進路を切り拓くにはどうしたらいいか？　「ほぼ日」人気コラム「おとなの小論文教室。」から生まれたリアルなコラム集。

JALの心づかい

上阪徹　41805-6

JALのグランドスタッフは小さな「っ」を使わない。「あっち」ではなく「あちら」。誰もが身につけたい感じのいいおもてなしとは？　お客様一人ひとりに寄り添う究極のホスピタリティ。

たしなみについて

白洲正子　41505-5

白洲正子の初期傑作の文庫化。毅然として生きていく上で、現代の老若男女に有益な叡智がさりげなくちりばめられている。身につけておきたい五十七の心がまえ、人生の本質。正子流「生き方のヒント」。

バレリーナ　踊り続ける理由

吉田都　41694-6

年齢を重ねてなお進化し続ける、世界の頂点を極めたバレリーナ・吉田都が、強く美しく生きたいと願う女性達に贈るメッセージ。引退に向けてのあとがき、阿川佐和子との対談、槇村さとるの解説を新規収録。

FBI捜査官が教える「しぐさ」の心理学　解読編

ジョー・ナヴァロ　西田美緒子〔訳〕　46786-3

世界的ベストセラーで日本でも記録的に売れ続けている『FBI捜査官が教える「しぐさ」の心理学』の実例集・実用版！　職場・家庭・教室で「相手の心の中」を読む。待望の文庫版。

親子が輝くモンテッソーリの言葉　21の子育てメッセージ

相良敦子　41682-3

藤井七段も学んだ注目のモンテッソーリ教育。家庭で何を教えたらいいか？　モンテッソーリの子育てヒントを、具体的な実例を上げながら、分かりやすくイラストも交えて紹介。入門者に最適。

ヒマラヤ聖者の太陽になる言葉

ヨグマタ相川圭子　41639-7

世界でたった二人のシッダーマスターが伝える五千年の時空を超えたヒマラヤ秘教の叡智。心が軽く、自由に、幸福になる。あなたを最高に幸せにする本！

本当の自分とつながる瞑想

山下良道　41747-9

心に次々と湧く怒り、悲しみ、不安…。その苦しみから自由になり、「本当の自分」と出会うための瞑想。過去や未来へ飛び回るネガティブな思考を手放し、「今」を生きるための方法。宮崎哲弥氏・推薦。

悩まない　禅の作法

枡野俊明　41655-7

頭の雑音が、ぴたりと止む。ブレない心をつくる三十八の禅の習慣。悩みに振り回されず、幸せに生きるための禅の智慧を紹介。誰でもできる坐禅の組み方、役立つケーススタディも収録。

怒らない　禅の作法

枡野俊明　41445-4

イライラする、許せない…。その怒りを手放せば、あなたは変わり始めます。ベストセラー連発の禅僧が、幸せに生きるためのシンプルな習慣を教えます。今すぐ使えるケーススタディ収録！

片づける　禅の作法

枡野俊明　41406-5

物を持たず、豊かに生きる。朝の五分掃除、窓を開け心を洗う、靴を揃える、寝室は引き算……など、禅のシンプルな片づけ方を紹介。身のまわりが美しく整えば、心も、人生も整っていくのです。

人生の収穫

曾野綾子　41369-3

老いてこそ、人生は輝く。自分流に不器用に生き、失敗を楽しむ才覚を身につけ、老年だからこそ冒険し、どんなことでも面白がる。世間の常識にとらわれない独創的な老後の生き方！ベストセラー遂に文庫化。

人生の原則

曾野綾子　41436-2

人間は平等ではない。運命も公平ではない。だから人生はおもしろい。世間の常識にとらわれず、「自分は自分」として生き、独自の道を見極めてこそ日々は輝く。生き方の基本を記す38篇、待望の文庫化！

正直

松浦弥太郎　41545-1

成功の反対は、失敗ではなく何もしないこと。前「暮しの手帖」編集長が四十九歳を迎え自ら編集長を辞し新天地に向かう最中に綴った自叙伝的ベストセラーエッセイ。あたたかな人生の教科書。

灯をともす言葉

花森安治　41869-8

「美」について、「世の中」について、「暮し」について、「戦争」について――雑誌「暮しの手帖」創刊者が、物事の本質をつらぬく。時代を超えて、今こそ読み継がれるべき言葉たち。

瓦礫から本を生む

土方正志　41732-5

東北のちいさな出版社から、全国の〈被災地〉へ。東日本大震災の混乱の中、社員２人の仙台の出版社・荒蝦夷が全国へ、そして未来へ発信し続けた激動の記録。３・11から10年目を迎え増補した決定版。

特別授業3.11　君たちはどう生きるか

あさのあつこ／池澤夏樹／鷲田清一／鎌田浩毅／橋爪大三郎／最相葉月／橘木俊詔／斎藤環／田中優　41801-8

東日本大震災を経て、私たちはどう生きるか。国語から課外授業までの全９教科をあさのあつこ、池澤夏樹等９名が熱血授業。文庫版には震災10年目の視点を追記。今あらためて生き方を問う、特別授業。

アトリエ　インカーブ物語

今中博之　41758-5

知的障がいのあるアーティストが集う場所「アトリエ インカーブ」。世界的評価の高いアーティストを輩出した工房は何の為に、いかにして誕生したのか？　奇跡の出会と運命、そして必然が交錯した20年。

理解という名の愛がほしい。

山田ズーニー　41597-0

孤独の哀しみをのりこえ、ひらき、出逢い、心で通じ合う人とつながるレッスン。「ほぼ日」連載「おとなの小論文教室。」からのベストコラム集。居場所がなくてもだいじょうぶ！　あなたには表現力がある。

自分はバカかもしれないと思ったときに読む本

竹内薫　41371-6

バカがいるのではない、バカはつくられるのだ！　人気サイエンス作家が、バカをこじらせないための秘訣を伝授。学生にも社会人にも効果テキメン！　カタいアタマをときほぐす、やわらか思考問題付き。

ゆるく考える

東浩紀　41811-7

若いころのぼくに言いたい、人生の選択肢は無限である、と。世の中を少しでもよい方向に変えるために、ゆるく、ラジカルにゆるく考えよう。「ゲンロン」を生み出した東浩紀のエッセイ集。

私が語り伝えたかったこと

河合隼雄　41517-8

これだけは残しておきたい、弱った心をなんとかし、問題だらけの現代社会に生きていく処方箋を。臨床心理学の第一人者・河合先生の、心の育み方を伝えるエッセイ、講演。インタビュー。没後十年。

生きるための哲学

岡田尊司　41488-1

生きづらさを抱えるすべての人へ贈る、心の処方箋。学問としての哲学ではなく、現実の苦難を生き抜くための哲学を、著者自身の豊富な臨床経験を通して描き出した名著を文庫化。

哲学のモノサシ

西研　41995-4

人間はモノサシである。ものごとや他人やじぶんに対していろんなモノサシをあてている——。哲学すること、考えることをとことん根っこから問う入門書中の入門書。哲学イラストも楽しい。

哲学の練習問題

西研　41184-2

哲学するとはどういうことか——。生きることを根っこから考えるためのＱ＆Ａ。難しい言葉を使わない、けれども本格的な哲学へ読者をいざなう。深く考えるヒントとなる哲学イラストも多数。

「最強！」のニーチェ入門

飲茶　41777-6

誰よりも楽しく、わかりやすく哲学を伝えてくれる飲茶が鉄板「ニーチェ」に挑む意欲作。孤独、将来への不安、世間とのズレ……不条理な世界に疑問を感じるあなたに。心に響く哲学入門書！